古代歷史文化研究輯刊

十四編

王明蓀 主編

第 **28** 冊

中國邊疆史事研究

蔣武雄 著

國家圖書館出版品預行編目資料

中國邊疆史事研究／蔣武雄 著 -- 初版 -- 新北市：花木蘭文化
出版社，2015〔民 104〕
序 2+ 目 2+172 面；19×26 公分
（古代歷史文化研究輯刊 十四編；第 28 冊）
ISBN 978-986-404-337-8（精裝）
1. 邊防 2. 歷史 3. 中國
618   104014393

ISBN-978-986-404-337-8

9 789864 043378

古代歷史文化研究輯刊
十四編　第二八冊　　　　　ISBN：978-986-404-337-8

中國邊疆史事研究

作　　者　蔣武雄
主　　編　王明蓀
總 編 輯　杜潔祥
副總編輯　楊嘉樂
編　　輯　許郁翎
出　　版　花木蘭文化出版社
社　　長　高小娟
聯絡地址　235 新北市中和區中安街七二號十三樓
　　　　　電話：02-2923-1455／傳眞：02-2923-1452
網　　址　http://www.huamulan.tw 信箱 hml 810518@gmail.com
印　　刷　普羅文化出版廣告事業
初　　版　2015 年 9 月
全書字數　126901 字
定　　價　十四編 28 冊（精裝）台幣 52,000 元

中國邊疆史事研究

蔣武雄　著

作者簡介

蔣武雄，1952 年生。1974 年畢業於東海大學歷史學系；1978 年畢業於政治大學邊政研究所；1986 年畢業於中國文化大學史學研究所博士班；現為東吳大學歷史學系教授。主要研究領域為中國災荒救濟史、中國古人生活史、中國邊疆民族史、宋遼金元史、明史。先後在《東方雜誌》、《中華文化復興月刊》、《中國邊政》、《中國歷史學會史學集刊》、《空大人文學報》、《東吳歷史學報》、《中國中古史研究》、《國史館館刊》、《中央大學人文學報》、《玄奘佛學研究》、《史匯》、《中央日報長河版》等刊物發表歷史學術論文一百三十餘篇，以及出版《遼與五代政權轉移關係始末》、《明代災荒與救濟政策之研究》、《遼金夏元史研究》、《遼與五代外交研究》、《宋遼外交研究》、《宋遼人物與兩國外交》等著作。

提　　要

在中國歷史的發展中，邊疆民族的活動與表現，以及與中原朝廷的互動，是我們在研究中國歷史時，不能加以忽略的，因此筆者四十年來，頗致力於此一領域的研究。今天輯錄成書，即是筆者年輕時期所發表十六篇關於中國邊疆史事研究的文章。

一、論邊疆民族與中原朝廷建國之關係 —— 論述中國歷代中原朝廷建國時，獲得邊疆民族協助之情形。

二、布帛與中國古代外交 —— 論述布帛在中原朝廷與北方遊牧民族交往歷程中所扮演之角色。

三、論東北民族之文化演進 —— 論述中國東北民族文化演進之特殊現象，在渤海國未興之前並非優美，但渤海國興，其文化卻盛如「海東盛國」。而渤海國亡後，東北民族文化卻又逐漸退步，至明代更退為漁獵生活型態。

四、論漢武帝征伐匈奴後對國運之影響 —— 論述漢武帝征伐匈奴，耗費繁重，導致財政匱乏，國運深受影響。

五、從《全唐詩》看唐代外來文化之盛行 —— 從《全唐詩》論述唐代外來文化盛行情形，使唐代文化具有濃厚國際色彩。

六、范仲淹之治邊 —— 論述宋代范仲淹在邊之日，嚴密防守西夏入侵之情形。

七、蒙古初期與遼金之軍政關係 —— 論述蒙古曾先後臣屬遼金，但及至蒙古興起，金僅築「金源邊堡」禦之，反而傾力攻伐南宋，以致最後亡於蒙古。

八、論元朝初期之以漢治漢 —— 論述蒙古初期與漢文化接觸，以及元初忽必烈時期以漢治漢之情形。

九、故元與明在遼東之爭戰 —— 論述明太祖對故元遼東諸將招降與爭戰之情形。

十、明太祖時期之海運遼餉 —— 論述明太祖時期歷年海運遼餉之主事者，以及後來廢止之原因。

十一、明代經營奴兒干考 —— 論述明代初期對東北各族招撫，和建置奴兒干都司之情形。

十二、明代遼東軍政與國運之關係 —— 論述明末遼東軍政敗壞，軍士逃亡、部伍空虛、屯田荒蕪、屯糧缺乏等情形。

十三、論明代遼東邊墻與邊防之關係 —— 論述明代遼東西段、東段邊墻與邊防之關係，以及遼東邊墻後來殘破之情形。

十四、論明末遼東邊將李成梁與奴兒哈赤興起之關係 —— 論述李成梁恩撫奴兒哈赤、為虐遼東、棄地予奴兒哈赤，致使奴兒哈赤壯大之情形。

十五、戴傳賢先生對我國邊政之貢獻 —— 論述戴傳賢先生重視邊疆、關切邊民、培養與任用邊疆人才、慎選治邊人才等情形。

十六、莫德惠先生對我國邊疆之貢獻（東北與西南地區）—— 論述莫德惠先生在我國東北與西南地區之事蹟表現，對於此二地區，以及國家外交、抗日，均有很大之貢獻。

自　序

　　民國 63 年 6 月，筆者從東海大學歷史學系畢業後，曾至北港國民中學任教兩年。至民國 65 年 8 月，筆者進入政治大學邊政研究所就讀，開始接觸中國邊疆史事的研究，也成為筆者日後學術研究生涯重要的部分。因為從那一年至民國 80 年 8 月，筆者轉任東吳大學歷史學系為止，在這十五年中，筆者雖然忙於撰寫碩、博士論文和任職於國史館，但是投注於中國邊疆史事研究的心力、時間也不少，因此發表了多篇關於此方面的文章。

　　今天出版《中國邊疆史事研究》一書，即是收錄筆者在當時十五年中大部分的研究成果，共有十六篇。雖然均為筆者年輕時不成熟的作品，但是也代表了筆者學術研究生涯一段成長的歷程，因此不揣淺陋，將各篇盡量保持原貌，輯錄編排成書，也請讀者不吝予以指正。

　　另外，筆者在此要特別感謝當年《東方雜誌》、《國史館館刊》、《中國歷史學會史學集刊》、《中華文化復興月刊》、《中國邊政》等出版機構，對於這些文章不予嫌棄，讓筆者有發表的園地和學習、成長的機會。

蔣武雄謹識
於民國一○四年九月十六日
東吳大學研究室

目次

一、論邊疆民族與中原朝廷建國之關係

一、前　言

　　觀之吾國歷史之演變，邊疆民族佔有頗為重要之角色，不僅在中原朝廷強盛時，彼此往來非常頻繁，且曾數次援助中原政權建立朝廷，甚至自己以外族身份入據中原，建立王國。故西方學者衛特福格爾（Karl A Wittfogel）將吾國歷史分為十個時期，其中「秦漢、五朝亂華和南北朝的南朝及北方的中國朝代、隋唐、宋、明是屬於典型中國朝代，魏（拓跋）及其他拓跋魏前後的北方野蠻朝代、遼、金、元、清是屬於征服和滲透王朝」〔註1〕，此一分法，正顯示出邊疆民族與漢民族在吾國歷史演變過程中，兩者之地位是相等的。雖然遼並未真正入主中原，而金亦僅統治過華北地區，但此一劃分已足可清楚說明，邊疆民族在吾國歷史上之重要性。

　　今本文欲從另一角度來強調此點，即是探討邊疆民族與中原朝廷在建國時，於軍事及政治上之關係。因吾國歷代漢民族之建國，有數個政權，是得力於邊疆民族之支持，故由此一觀點加以探究，將可更深切體認出邊疆民族在吾國歷史上所居之重要地位。

二、東周之建國與犬戎之關係

　　東周平王之建國，借助於犬戎之處頗多，時幽王寵褒姒，廢申后及太子

〔註1〕參閱陶晉生著，邊疆民族在中國歷史上的重要性，中國通史論集，頁190～191。

（平王），致使申侯引犬戎兵攻殺之，與諸侯共立平王，以奉周祀。史記周本紀曰：

> 幽王以虢石父爲卿，用事，國人皆怨。石父爲人佞巧善諛好利，王用之。又廢申后，去太子也。申侯怒，與繒、西夷犬戎攻幽王，虜褒姒，盡取周賂而去。於是諸侯乃即申侯，而共立故幽王太子宜臼，是爲平王，以奉周祀。〔註2〕

史記匈奴傳亦言：

> 周幽王因寵褒姒之故，與申侯有郤。申侯怒，而與犬戎共攻殺周幽王于驪山之下。〔註3〕

三、北周、北齊與突厥之關係

至南北朝，北朝之北周與北齊互相對立，兩國爲鞏固自身建國之基礎，乃極力拉攏聲勢逐漸崛起之突厥，不僅爭行和親之策，更以大量財物賄賂突厥。周書王慶傳曰：

> 初，突厥與周和親，許納女爲后。而齊人知之，懼成合縱之勢，亦遣使求婚，財饋甚厚。突厥貪其重賂，便許之。〔註4〕

周書突厥傳亦曰：

> 朝廷（指北周）既與和親，歲給繒絮綿綵十萬段。突厥在京師者又待以優禮，衣錦食肉者，常以千數。齊人懼其寇掠，亦傾府藏以給之。他鉢彌復驕傲，至乃率其徒屬曰：「但使我在南兩個兒子孝順，何憂無物邪！」〔註5〕

隋書突厥傳則言：

> 時，佗鉢控弦數十萬，中國憚之，周、齊爭結姻好，傾府藏，以事之。佗鉢益驕，每謂其下曰：「我在南兩兒常孝順，何患貧也！」
>
> 〔註6〕

〔註2〕史記卷四，周本紀第四，頁149。鼎文書局，民國67年9月初版。
〔註3〕書同前，卷一百十，匈奴列傳第五十，頁288。
〔註4〕周書卷三十三，列傳第二十五，王慶傳，頁575。鼎文書局，民國64年3月初版。
〔註5〕書同前，卷五十，列傳第四十二，異域下，突厥傳，頁911。
〔註6〕隋書卷八十四，列傳第四十九，北狄，突厥傳，頁1865。鼎文書局，民國64年3月初版。

及至隋文帝欲討伐突厥，曾於詔文中論曰：

> 往者，魏道衰敝，禍難相尋，周齊抗衡，分割諸夏。突厥之虜，俱通二國。周人東慮，恐齊好之深，齊氏西虞，懼周交之厚。謂虜意輕重，國遂安危，非徒並有大敵之憂，思滅一邊之防。竭生民之力，供其來往，傾府庫之財，棄於沙漠，華夏之地，實爲勞擾。猶復劫剝烽戍，殺害吏民，無歲月而不有也。惡積禍盈，非止今日。朕受天明命，子育萬方，愍臣下之勞，除既往之弊。以爲厚斂兆庶，多惠豺狼，未嘗感恩，資而爲賊，違天地之意，非帝王之道。〔註7〕

由此可知，突厥居於北周與北齊之間，乘其二者爭勢，大加利用，以得漁翁之利，而北周、北齊逼於情勢，亦惟有傾府庫之財以事之，雖明知徒竭生民之力，亦無可奈何也。

四、唐之建國與突厥之關係

隋末，天下大亂，羣雄割據，其中有多與突厥聯結者，甚至甘願稱臣，以壯自身聲勢。隋書突厥傳曰：

> 隋末亂離，中國人歸之者無數，（突厥）遂大強盛，勢陵中夏，迎蕭皇后，置於定襄。薛舉、竇建德、王世充、劉武周、梁師都、李軌、高開道之徒，雖僭發號，皆北面稱臣，受其可汗之號，使者往來，相望於道也。〔註8〕

即使是取得最後勝利而創建唐朝之李淵，亦盡力結好突厥，新唐書突厥傳有言：

> 隋大業之亂，始畢可汗咄吉嗣立，華人多往依之，契丹、室韋、吐谷渾、高昌皆役屬，竇建德、薛舉、劉武周、梁師都、李軌、王世充等倔起虎視，悉臣尊之。控弦且百萬，戎狄熾彊，古未有也。高祖起太原，遣府司馬劉文靜往聘，與連和。始畢使特勒康稍利獻馬二千、兵五百來會，從帝平京師，遂恃功，使者每來多橫驕。〔註9〕

因李淵初起時，全由其次子世民及部下劉文靜策畫，文靜力勸與突厥合作。

〔註7〕書同前，頁1867。
〔註8〕書同前，頁1876。
〔註9〕新唐書卷二百一十五上，列傳第一百四十上，突厥傳上，頁6028。鼎文書局，民國65年10月初版。

李淵依其計，遂卑詞致書始畢可汗，願予以厚賞，以換其兵馬來助，並派文靜至突厥處請兵。故舊唐書突厥傳亦曰：

> 高祖起義太原，遣大將軍府司馬劉文靜聘于始畢，引以爲援。始畢遣其特勒康稍利等獻馬千匹，會于絳郡，又遣二千騎助軍，從平京城。及高祖即位，前後賞賜，不可勝紀。始畢自恃其功，益驕踞，每遣使者至長安，頗多橫恣，高祖以中原未定，每優容之。〔註10〕

新唐書劉文靜傳曰：

> 唐公（李淵）乃開大將軍府，以文靜爲司馬。文靜勸改旗幟，彰特興，又請與突厥連和，唐公從之。遣文靜使始畢可汗，始畢曰：「唐公兵何事而起？」文靜曰：「先帝廢家嗣，以授後主，故大亂。唐公，國近戚，懼毀王室，起兵黜不當立者。願與突厥共定京師，金幣子女，盡以歸可汗。」始畢大喜，即遣二千騎隨文靜至，又獻馬千匹，（唐）公喜曰：「非君何以致之？」〔註11〕

舊唐書劉文靜傳亦言：

> 高祖開大將軍府，以文靜爲軍司馬。文靜勸改旗幟，以彰義舉，又請連突厥，以益兵威，高祖並從之。因遣文靜使于始畢可汗，始畢曰：「唐公起事，今欲何爲？」文靜曰：「皇帝廢冢嫡，傳位後主，致斯禍亂。唐公國之懿戚，不忍坐觀成敗，故起義軍，欲黜不當立者。願與可汗兵馬同入京師，人眾土地入唐公；財帛金寶入突厥。」始畢大喜，原遣將康鞘利領騎二千隨文靜而至，又獻馬千匹。高祖大悅，謂文靜曰：「非公善辭，何以至此。」〔註12〕

凡此皆可說明隋末羣雄互爭天下，多是欲藉突厥之力，唐高祖李淵亦然，其時各羣雄不惟甘願「北面稱臣，受其可汗之號」，而使者往來，竟多至「相望於道」，更甚者，約定平京師後，委以金幣、子女，如此卑膝，遂招致突厥使者多驕橫，而羣雄亦惟有優容之，無奈之何。此種局勢之形成，實是因當時突厥之力量，爲羣雄能否取得天下之一大關鍵，而突厥亦頗能慣用其策，趁羣雄爭勢之機會，從中取利也。

〔註10〕 舊唐書卷一百九十四上，列傳第一百四十四上，突厥傳上，頁5154。鼎文書局，民國65年10月初版。

〔註11〕 新唐書卷八十八，列傳第十三，劉文靜傳，頁3735。

〔註12〕 舊唐書卷五十七，列傳第七，劉文靜傳，頁2292。

五、後梁、後唐與契丹之關係

契丹興起，正值唐末混亂之際，朱溫（朱全忠）篡唐，建國號梁。據有雲中地區之李克用，極欲恢復唐朝，乃向契丹酋長耶律阿保機求援，結爲兄弟，以助其征討朱溫，而朱溫亦欲藉契丹之力討平李軍。故新五代史，四夷附錄，契丹條記之曰：

> 梁將篡唐，晉王李克用使人聘于契丹，阿保機以兵三十萬會克用於雲州東城，置酒，酒酣，握手約爲兄弟。克用贈以金帛甚厚，期共舉兵擊梁。〔註13〕

舊五代史契丹傳曰：

> 天祐四年（907），（耶律阿保機）大寇雲中，後唐武皇（李克用）遣使連和，因與之面會雲中東城，大具享禮，延入帳中，約爲兄弟，謂之曰：「唐室爲賊所篡，吾欲今冬大舉，弟可以精騎二萬，同收汴、洛。」阿保機許之，賜與甚厚，留馬三千匹以答貺。……及梁祖（朱溫）建號，阿保機亦遣使送名馬、女樂、貂皮等求封冊、梁相與之書曰：「朕今天下皆平，唯有太原未伏，卿能專驅精甲，徑至新莊，爲我翦彼寇讎，與爾便引封冊。」莊宗初嗣世，亦遣使告哀，賂以金繒，求騎軍以救潞州，（阿保機）答其使曰：「我與先王爲兄弟，兒即吾兒也，寧有父不助子耶！」許出師，會潞平而止。〔註14〕

六、後晉之建國與契丹之關係

吾國歷代中原朝廷之建國，得邊疆民族之支持者，以後晉石敬瑭受契丹之幫助爲最多，故不惜向契丹以臣禮事之，更不恥以「兒皇帝」稱之。舊五代史晉書高祖本紀一曰：

> （後唐清泰）三年（後晉天福元年，936）九月辛丑，契丹主（遼太宗耶律德光）率眾自雁門而南，旌騎不絕五十餘里。……是夜，帝（晉高祖）出北門與戎王相見，戎王執帝手曰：「恨會面之晚。」因論父子之義。……十一月，戎王會帝於營，謂帝曰：「我三千里赴義，

〔註13〕 新五代史卷七十二，四夷附錄第一，契丹條，頁887。鼎文書局，民國65年11月初版。

〔註14〕 舊五代史卷一百三十七，外國列傳第一，契丹傳，頁1828。鼎文書局，民國66年9月初版。

事須必成，觀爾體貌恢廓，識量深遠，眞國主也。天命有屬，時不可失，欲徇蕃漢羣議，冊爾爲天子。」帝飾讓久之。既而諸軍勸請相繼，乃命築壇於晉陽城南，冊立爲大晉皇帝，戎王自解衣冠授焉。文曰：「……大契丹皇帝若曰：『……爾當踐皇極，……宜以國號曰晉，朕永與爲父子之邦，保山河之誓。……』」〔註15〕

舊五代史外國傳契丹傳曰：

（後唐）清泰三年（936），晉高祖爲張敬達等攻圍甚急，遣指揮使何福齎表乞師，願爲臣子。德光白其母曰：「兒昨夢太原石郎發使到國，今果至矣，事符天意，必須赴之。」……尋冊晉高祖爲大晉皇帝，約爲父子之國，割幽州管內及新、武、雲、應、朔州之地以賂之，仍每歲許輸帛三十萬。……晉高祖入洛，尋遣宰相趙瑩致謝于契丹。（後晉）天福三年，又遣宰相馮道、左僕射劉昫等持節，冊德光及其母氏徽號，齎鹵簿、儀仗、法服、車輅於本國行禮。德光大悅，尋遣使奉晉高祖爲英武明義皇帝。……既而德光請晉祖不稱臣，不上表，來往緘題止用家人禮，但云「兒皇帝」。晉祖厚齎金帛以謝之。晉祖奉契丹甚至，歲時問遺慶弔之禮，必令優厚。每敵使至，即於別殿致敬。德光每有邀請，小不如意則來譴責，晉祖每屈己以奉之，終晉祖世，略無釁隙。〔註16〕

遼史太宗本紀上亦曰：

天顯十一年（936）八月……庚午，（遼太宗）自將以援敬瑭。九月……庚子，遣使諭敬瑭曰：「朕興師遠來，當即與卿破賊。」……敬瑭率官屬來見，上執手撫慰之。……冬十月甲子，封敬瑭爲晉王，幸其府，敬瑭與妻李率其親屬捧觴上壽。……丁卯，召敬瑭至行在所，賜坐，上從容語之曰：「吾三千里舉兵而來，一戰而勝，殆天意也，觀汝雄偉弘大，宜受茲南土，世爲我藩輔。」遂命有司設壇晉陽，備禮冊命。十一月丁酉，冊敬瑭爲大晉皇帝。……晉帝辭歸，上與宴飲，酒酣，執手約爲父子，以白貂裘一，廄馬二十，戰馬千二百餞之。〔註17〕

〔註15〕書同前，卷七十五，晉書一，高祖紀第一，頁 985～987。
〔註16〕書同前，卷一百三十七，外國列傳第一，契丹傳，頁 1833～1834。
〔註17〕遼史卷三，本紀第三，太宗上，頁 38～39。鼎文書局，民國 64 年 10 月初版。

依此觀之，契丹酋長耶律德光使石敬瑭在中原取得政權，建立朝廷，不僅得到燕雲十六州，且每年尚可得到大量貢賦，其策略實在高明。而反觀石敬瑭為取得政權，竟「齎表乞師，願為臣子」，接受德光之冊封為大晉皇帝，甚至以「兒皇帝」自稱，此實為中原朝廷之建國，曾受邊疆民族之影響，最明顯之例子。

七、結　論

由上之論述，可知吾國歷代中原朝廷之建國，受邊疆民族在軍事及政治之助者頗多。如得之，則不僅在軍事及政治方面可取得優勢，且往往能進而建立國家。

至於邊疆民族之所以願居於此種地位，而未如後來之元、清兩朝，以外族身份至中原建國，乃是因其以此種地位，可得大量之財貨，且南方之氣候與人文亦非其所能適應者，故寧可善加利用中原政權彼此爭勢之機會，以為強索財物之要脅。

論至此，吾人就邊疆民族與中原朝廷建國之關係言之，中原朝廷實在是居於政治之立場，與邊疆民族聯好，故只要能取得政權，建立朝廷，即不惜受邊疆民族之冊封，並予以大量之財物。而邊疆民族則是居於經濟之立場，並不太計較中原朝廷為何者所建，只要能從中取得財物，以充實自身物資之缺乏，即加以支持，甚至同時支持數位爭權者，以得漁翁之利。如從上之所引——「盡取周賂而去」、「但使我在南兩個兒孝順，何憂無物邪」、「突厥貪其重賂，便許之」及「人眾土地入唐公；財帛金寶入突厥」，即可知其彼此之關係於一斑。

總之，此種中原朝廷建國與邊疆民族交往之型態，吾人在研究中國之歷史時，乃是絕對不可忽略者，蓋邊疆民族史實為吾國歷史極重要之一環也。

（《中國邊政》第 73 期，民國 70 年 3 月）

二、布帛與中國古代外交

一、前　言

從吾國歷代中原朝廷與北方游牧民族之交往關係中，吾人可發現一頗為特殊之現象，即是除外交政策之運用外，金帛二物亦常扮演相當重要之角色。蓋此二物，在邊陲荒寒地區，甚為缺乏，尤其是布帛之屬，關係其生活尤鉅，如不能得之，則其民生勢必面臨嚴重之問題，故中原朝廷常以此做為外交上拉攏、要脅、講和之工具。相對的，有時游牧民族之所以願意內附，亦常以能取得金帛為主要之條件。甚至於各游牧民族在彼此交往中，亦往往模仿中國此一外交手法而加以運用之。

故吾人可知在古代中國之外交史上，金帛實為不可或缺之物。筆者在本文中，即是欲專就布帛一物所扮演之角色，來探討古代中國與游牧民族之外交關係。如此，或可從另一角度，進而有助於吾人了解中原朝廷與游牧民族，在長期交往過程中，所具有之特徵，並且對吾國歷史有更正確之認識。

二、布帛與漢匈之外交

古代吾國中原朝廷以布帛予游牧民族之事蹟，由來已久，起自漢高祖劉邦得陳平之策，解匈奴平城之圍後，即依劉敬之議，與匈奴結和親之約，而予以大量之布帛。史記匈奴列傳曰：

> 是時匈奴以漢將眾往降，故冒頓常往來侵盜代地。於是漢患之，高
> 帝乃使劉敬奉宗室女為單于閼氏，歲奉匈奴絮、繒、酒、米、食物

各有數，約爲昆弟以和親，冒頓乃少止。〔註1〕

至漢文帝時，仍行此一策略，常「遺單于秫蘗、金帛、絲絮、佗物，歲有數」〔註2〕，甚至於以「服繡袷綺衣、繡袷長襦、錦袷袍各一、比余一、黃金飾具帶一，黃金胥紕一、繡十匹，錦三十匹，赤綈、綠繒各四十匹」〔註3〕等貴重之布帛贈予單于，故當時漢廷對匈奴之外交，實在是「歲致金絮采繒以奉之」。〔註4〕

武帝即位後，欲行征伐之舉，「乃召問公卿曰：『朕飾子女以配單于，幣帛文錦，賂之甚厚。單于待命加嫚，侵盜無已，邊竟（境）數驚，朕甚閔之。今欲舉兵攻之，何如？』」〔註5〕當時公卿分主戰、主和兩派，經過幾次討論後，武帝依主戰派之議，大事進擊匈奴。然而此一征伐之行動，並未使漢廷得到多大之好處，反而使漢匈雙方皆兩敗俱傷，徒然耗損國力而已。〔註6〕故武帝乃派使至匈奴地，商談議和之條件，「楊信既見單于，說曰：『即欲和親，以單于太子爲質於漢。』單于曰：『非故約。故約，漢常遣翁主，給繒絮食物有品，以和親，而匈奴亦不擾邊。今乃欲反古，令吾太子爲質，無幾矣。』」〔註7〕無奈匈奴方面求漢物甚切，仍遣使來漢廷，以冀從和平中取得物資，故「遺漢書云：『……今欲與漢闓大關，取漢女爲妻，歲給遺我蘗酒萬石，稷米五千斛，雜繒萬匹，它如故約，則邊不相盜矣。』」〔註8〕

武帝時，亦曾另結親於烏孫，並予以大量之財物。史記大宛傳曰：

「今單于新困於漢，而故渾邪地空無人，蠻夷俗貪漢財物，今誠以此時而厚幣賂烏孫，招以益東，居故渾邪之地。……與漢結昆弟，其勢宜聽，聽則是斷匈奴右臂也。既連烏孫，自其西大夏之屬，皆可招來而爲外臣。」天子以爲然。〔註9〕

〔註1〕史記卷一百十，匈奴列傳第五十，頁2895，鼎文書局印行，民國67年9月初版。
〔註2〕書同前，頁2903。
〔註3〕書同前，頁2897。
〔註4〕漢書卷四十八，賈誼傳第十八，頁2240，鼎文書局印行，民國67年4月三版。
〔註5〕書同前，卷五十二，竇田灌韓傳第二十二，韓安國傳，頁2398。
〔註6〕參見拙作「論漢武帝征伐匈奴後對國運之影響」，中國邊政七五期，頁29～32，民國70年9月出版。
〔註7〕史記卷一百十，匈奴列傳第五十，頁2913。
〔註8〕漢書卷九十四上，匈奴傳第六十四上，頁3780。
〔註9〕史記卷一百二十三，大宛列傳第六十三，頁3168。

故漢廷乃於「元封中，遣江都王建女細君為公主，以妻焉。賜乘輿服御物，……贈送甚盛。烏孫昆莫以為右夫人。……公主至其國，自治宮室，居歲時，一再與昆莫會，置酒飲食，以幣帛賜王左右貴人。昆莫年老，言語不通。公主悲愁，……天子（武帝）聞而憐之，間歲遣使者持帷帳錦繡給遺焉。」〔註10〕

宣帝時（甘露二年，西元前 52），「單于正月朝天子于甘泉宮，漢寵以殊禮，位在諸侯王上，贊謁稱臣而不名。……賜以冠帶、衣裳、黃金璽、盭綬、玉具劍、佩刀、弓一張、矢四發、棨戟十、安車一乘、鞍勒一具、馬十五匹、黃金二十斤、錢二十萬、衣被七十七襲、錦繡綺縠雜帛八千匹、絮六千斤。……是歲，郅支單于亦遣使奉獻，漢遇之甚厚。明年（西元前 50），兩單于俱遣使朝獻，漢待呼韓邪使有加。明年（西元前 49），呼韓邪單于復入朝，禮賜如初，加衣百一十襲，錦帛九千匹，絮八千斤。」〔註11〕

元帝「竟寧元年（西元前 33），（呼韓邪）單于復入朝，禮賜如初，加衣服錦帛絮，皆倍於黃龍時（宣帝年號）。」〔註12〕成帝「河平四年（西元前 25）正月，（復株絫若鞮）單于遂入朝，加賜錦繡繒帛二萬匹、絮二萬斤，它如竟寧時。」〔註13〕哀帝「元壽二年（西元前 1），（烏珠留若鞮）單于來朝，……加賜衣三百七十襲，錦繡繒帛三萬匹、絮三萬斤，它如河平時。」〔註14〕

東漢「光武初，方平諸夏，未遑外事，……略遣金幣，以通舊好，而單于驕踞，自比冒頓，對使者辭語悖慢」〔註15〕，幸而未久，匈奴分裂為二，南匈奴降於漢，故當其每一次入朝時，漢廷均賜物甚豐。後漢書南匈奴傳曰：

> （建武）二十六年（50），……秋，南單于遣子入侍，奉奏詣闕。詔賜單于冠帶、衣裳、黃金璽、盭韝綬、安車羽蓋、華藻駕駟、寶劍、弓箭、黑節三、騑馬二、黃金、錦繡、繒布萬匹、絮萬斤、樂器、鼓車、棨戟、甲兵、飲食、什器。〔註16〕

單于歲盡輒遣奉奏，送侍子入朝，漢遣謁者送前侍子還單于庭，交

〔註10〕漢書卷九十六下，西域傳第六十六下，烏孫傳，頁 3903。
〔註11〕書同前，卷九十四下，匈奴傳第六十四下，頁 798～3799。
〔註12〕書同前，頁 3803。
〔註13〕書同前，頁 3808。
〔註14〕書同前，頁 3817。
〔註15〕後漢書卷八十九，南匈奴列傳第七十九，頁 2940，鼎文書局印行，民國 66 年 9 月初版。
〔註16〕書同前，頁 2943～2944。

會道路。元正朝賀，拜祠陵廟畢，漢乃遣單于使，令謁者將送，賜
綵繒千匹、錦四端、金十斤，太官御食醬及橙、橘、龍眼、荔支；
賜單于母及諸閼氏、單于子及左右賢王、左右谷蠡王、骨都侯有功
善者，繒綵合萬匹，歲以爲常。〔註17〕

（建武）三十一年（55），……單于比立九年薨，……比弟左賢王莫
立。帝遣使者齎璽書鎮慰，拜授璽綬，遺冠幘、絳單衣三襲，童子
佩刀、錕帶各一，又賜繒綵四千匹，令賞賜諸王，骨都侯已下。其
後單于薨，弔祭慰賜，以此爲常。〔註18〕

匈奴從漢廷得到財物既如是之多（尤其是布帛），故藉此解決了其國內許
多民生問題，然而亦造成不利之情勢，即是容易反受制於漢廷。史記匈奴傳
曰：

初，匈奴好漢繒絮、食物，中行說曰：「匈奴人眾不能當漢之一郡，
然所以彊者，以衣食異，無仰於漢也。今單于變俗，好漢物。漢物
不過什二，則匈奴盡歸於漢矣。」其得漢繒絮，以馳草棘中，衣袴
皆裂敝，以示不如旃裘之完善也。得漢食物皆去之，以示不如湩酪
之便美也。〔註19〕

此一段記述，正足以說明當時漢廷運用物資予匈奴，進而控制匈奴之策略，乃
是頗爲成功的。而匈奴族中有遠見者，似亦已發現將會形成不利之情勢，故屢
次提出此類之建議。無奈匈奴之民生方面受漢物之影響已很深廣，無法不再倚
賴漢物，故在漢代，漢匈二者之間，雖曾有多次之爭戰，但是匈奴爲了換取漢
物，仍不惜甘願內附，時常遣使入朝，以冀在和平中獲得更多之漢物。

三、布帛與南北朝時期各國之外交

漢代以金帛安撫匈奴、控制匈奴之策略，既是運用得如此成功，作用亦
如此奇妙，遂爲北方游牧民族所模仿，例如南北朝時期，佔據中原地區之北
魏，雖是鮮卑人所建立之國家，然而爲了安撫其邊族，亦仿漢人以金帛予之。
魏書高車傳曰：

（太和）十四年（490），（高車）阿伏至羅遣商胡越者至京師，以二

〔註17〕書同前，頁 2944。
〔註18〕書同前，頁 2948。
〔註19〕史記卷一百十，匈奴列傳第五十，頁 2899。

箭奉貢云：「蠕蠕爲天子之賊，臣諫之，不從。遂叛來至此，而自豎立，當爲天子討除蠕蠕。」（北魏）高祖未之信也，遣使者于提往觀虛實。……詔員外散騎侍郎可足渾長生復與于提使高車，各賜繡袴褶一具，雜綵百匹。……彌俄突既立，復遣朝貢，……（北魏）詔使者慕容坦賜彌俄突雜綵六十匹。……（高車）又遣使，獻龍馬五匹，金銀、貂皮，及諸方物。（北魏）詔東城子于亮報之，賜樂器一部、樂工八十人、赤紬十匹、雜綵六十匹。〔註20〕

至於對柔然之外交，布帛亦爲主要之工具。魏書蠕蠕傳曰：

（北魏肅宗）詔賜阿那瓌，細明光人馬鎧二具，鐵人馬鎧六具，露絲銀纏槊二張并白眊，赤漆槊十張并白眊，黑漆槊十張并幡，露絲弓二張并箭，朱漆柘弓六張并箭，黑漆弓十張并箭，赤漆盾六幡并刀，黑漆盾六幡并刀，赤漆鼓角二十具，五色錦被二領，黃紬被褥三十具，私府繡袍一領并帽，內者緋納襖一領，緋袍二十領并帽，內者雜綵千段，緋納小口袴褶一具，內中宛具，紫納大口袴褶一具，內中宛具，百子帳十八具，黃布幕六張，新乾飯一百石，麥麨八石，榛麨五石，銅烏錥四枚，柔鐵烏錥二枚，各受二斛，黑漆竹榼四枚，各受二升，婢二口，父草馬五百匹，駝百二十頭，牸牛一百頭，羊五千口，朱畫盤器，粟二十萬石。〔註21〕

至北齊、北周時期，兩國彼此對立，爲取得突厥可汗之支持，乃競相以大量金帛賄賂之。周書突厥傳曰：

朝廷既與（突厥）和親，歲給繒絮錦綵十萬段。突厥在京師者，又待以優禮，衣錦食肉者，常以千數。齊人懼其寇掠，亦傾府藏以給之。他鉢彌復驕傲，至乃率其徒屬曰：「但使我在南兩個兒（指北齊、北周）孝順，何憂無物邪？」〔註22〕

從他鉢彌此一沾沾自喜之豪語，吾人可知其自北齊、北周所得之財物，必不在少數。而相對的，北齊、北周仿自漢人，以物資給予游牧民族，以求達到拉攏或安撫邊族之策略，可謂亦已深得其中奧妙。

〔註20〕魏書卷一百三，列傳第九十一，高車傳，頁2310～2311，鼎文書局印行，民國64年9月初版。
〔註21〕書同前，蠕蠕傳，頁2300。
〔註22〕周書卷五十，列傳第四十二，異域下，突厥傳，頁911，鼎文書局印行，民國64年3月初版。

四、布帛與隋、突厥之外交

隋文帝時，以挑撥離間之計，使突厥分裂為東西二部，彼此互相猜忌，隋廷並分別與其和親，賜以甚厚之物資，以利控制，其中以布帛為最多。隋書突厥傳曰：

> （開皇）七年（587）正月，……沙鉢略……還至紫河鎮，其牙帳為火所燒，沙鉢略惡之，月餘而卒。上為廢朝三日，遣太常弔祭焉。贈物五千段……。雍虞閭遣使詣闕，賜物三千段。〔註23〕

同傳又曰：

> 大業三年（607）四月，煬帝幸榆林，啓民（突利可汗）及義成公主來朝行宮，前後獻馬三千匹。帝大悅，賜物萬二千段。……帝法駕御千人大帳，享啓民及其部落酋長三千五百人，賜物二十萬段，其下各有差。〔註24〕

至於隋廷對西突厥方面之賜物亦頗多，隋書西突厥傳曰：

> 處羅從征高麗，賜號為曷薩那可汗，賞賜甚厚。（大業）十年（614）正月，以信義公主嫁焉，賜錦綵袍千具，綵萬匹。〔註25〕

東西突厥在隋廷此種「和親賜物」策略之下，終不致形成太大之邊患。由此吾人亦可體認到，布帛一物，在古代中原朝廷與游牧民族之交往關係上，是尤具影響力的。

五、布帛與唐代之外交

隋末羣雄皆欲賴突厥以自重，即使是唐高祖李淵亦然。故當時「高祖起義太原，遣大將軍府司馬劉文靜聘于始畢，引以為援。及高祖即位，前後賞賜，不可勝紀。……武德元年（618），始畢使骨咄祿特勤來朝，宴于太極殿，奏九部樂，賚錦綵布絹各有差」。〔註26〕舊唐書劉文靜傳亦述及此事曰：

> 始畢曰：「唐公起事，今欲何為？」文靜曰：「……願與可汗兵馬同

〔註23〕隋書卷八十四，列傳第四十九，北狄，突厥傳，頁 1870～1871，鼎文書局印行，民國 64 年 3 月初版。

〔註24〕書同前，頁 1874～1875。

〔註25〕書同前，頁 1879。

〔註26〕舊唐書卷一百九十四上，列傳第一百四十四上，突厥上，頁 5153～5154，鼎文書局印行，民國 65 年 10 月出版。

入京師。人眾土地入唐公，財帛金寶入突厥。」始畢大喜。〔註27〕
及至「（武德）二年（619）二月，始畢卒，……處羅可汗嗣位，……又遣內
史舍人鄭德挺往弔處羅，贈物三萬段。」〔註28〕

　　唐太宗貞觀時期，雖謂是唐代之盛世，然而對於突厥可汗仍是禮遇有加。
舊唐書突厥傳曰：

　　　阿史那彌射者，室點密可汗五代孫也。……貞觀六年（632），詔遣
　　　鴻臚少卿劉善因就蕃立爲奚利邲咄陸可汗，賜以鼓纛、綵帛萬段。
　　〔註29〕

　　至唐玄宗開元時期，更因突厥事唐頗具誠意，除允以開市外，每歲並予
以大量之布帛。例如舊唐書突厥傳記之曰：

　　　（開元）十五年（727），小殺（毗迦可汗）使其大臣梅錄啜來朝，
　　　獻名馬三十匹。時吐蕃與小殺書，將計議同時入寇。小殺并獻其書。
　　　上（玄宗）嘉其誠，引梅錄啜宴於紫宸殿，厚加賞賚，仍許於朔方
　　　軍西受降城爲互市之所，每年齎縑帛數十萬匹，就邊以遺之。〔註30〕

　　從上觀之，唐代雖以武功稱盛，然而爲求其邊境之安寧，亦不得不以布
帛等物給予北方之游牧民族。玄宗曾諭之曰：「曩昔國家與突厥和親，華夷安
逸，甲兵休息，國家買突厥羊馬，突厥受國家繪帛，彼此豐給。」〔註31〕此
言可謂即是中原朝廷與游牧民族和平交往時之主要原則與目的，亦即只有雙
方在和平之情勢下，以羊馬、布帛互易，二者方可皆得利，否則一旦發生爭
戰，彼此將都受害。

　　唐時吐蕃贊普棄宗弄贊，自娶得唐文成公主後，受其感化，乃「自褫氈
罽，襲紈綃，爲華風。遣諸豪子弟入國學，習詩書。又請儒者典書疏。」〔註
32〕至是吐蕃服飾衣帛遂多賴漢地供給。唐高宗即位時，吐蕃曾遣使來朝，「高
宗嘉之，進封（棄宗弄贊）爲賓王，賜雜綵三千段，因請蠶種及造酒、碾、

〔註27〕書同前，卷五十七，列傳第七，劉文靜傳，頁2292。
〔註28〕書同前，卷一百九十四上，列傳第一百四十四上，突厥上，頁5154。
〔註29〕書同前，卷一百九十四下，列傳第一百四十四下，突厥下，頁5188。
〔註30〕書同前，卷一百九十四上，列傳第一百四十四上，突厥上，頁5177。
〔註31〕資治通鑑卷二百一十二，唐紀二十八，開元九年春正月丙戌條，頁2063，台
　　　　灣商務印書館印行，四部叢刊正編。
〔註32〕新唐書卷二百一十六上，列傳第一百四十一上，吐蕃上，頁6074，鼎文書局
　　　　印行，民國65年10月初版。

礎、紙墨之匠，並許焉」。〔註33〕及至「棄隸蹜贊爲贊普，……帝以雍王守禮女爲金城公主妻之。……帝念主幼，賜錦繒別數萬」。〔註34〕

唐代中葉，安史亂起，唐軍無力剿平，借助於回紇兵，回紇由是驕縱，索求益多。舊唐書迴紇傳曰：

> 初收西京，迴紇欲入城劫掠，廣平王固止之。及收東京，迴紇遂入府庫收財帛，於市井村坊剽掠三日而止，財物不可勝計。廣平王又賚之以錦罽寶貝，葉護大喜。及肅宗還西京，十一月癸酉，葉護自東京至，敕百官於長樂驛迎，上御宣政殿宴勞之。葉護升殿，其餘酋長列於階下，賜錦繡繒綵、金銀器皿。〔註35〕

新唐書回鶻傳亦曰：

> 回紇大掠東都三日，姦人導之，府庫窮殫，廣平王欲止不可，而耆老以繒錦萬匹賂回紇，止不剽。葉護還京師，帝遣羣臣勞之長樂。帝坐前殿，召葉護升階，席酋領於下，宴且勞之，人人賜錦繡繒器。……詔進司空，爵忠義王，歲給絹二萬匹，使至朔方軍受賜。
> 〔註36〕

同傳又曰：

> （代宗大曆四年，769），以（僕固）懷恩幼女爲崇徽公主繼室，兵部侍郎李涵持節冊拜可敦，賜繒綵二萬。〔註37〕

另舊唐書迴紇傳曰：

> （穆宗長慶二年，822）二月，……裴度招討幽、鎮之亂，迴紇請以兵從度討伐。朝議以寶應初迴紇收復兩京，恃功驕恣難制，咸以爲不可，遂命中使止迴紇令歸。會其已上豐州北界，不從止。詔發繒帛七萬匹賜之，方還。〔註38〕

以上所引皆爲唐廷以布帛賞回紇助平亂事之例證，亦爲其拉攏、安撫回紇外交政策之運用。

至於論及唐代與回紇雙方之交往關係，其中尤須加以論述者，即是其二

〔註33〕舊唐書卷一百九十六上，列傳第一百四十六上，吐蕃上，頁5223。
〔註34〕新唐書卷二百一十六上，列傳第一百四十一上，吐蕃上，頁6081。
〔註35〕舊唐書卷一百九十五，列傳第一百四十五，迴紇傳，頁5199。
〔註36〕新唐書卷二百一十七上，列傳第一百四十二上，回鶻上，頁6116。
〔註37〕書同前，頁6120。
〔註38〕舊唐書卷一百九十五，列傳第一百四十五，迴紇傳，頁5212。

者互市之情形。當時唐廷與回紇以縑、馬互易之事頗爲頻繁，茲據新舊唐書記之如下：

> （德宗）貞元六年（790）六月，迴紇使移職伽達干歸蕃，賜馬價絹三十萬匹。〔註39〕

> （貞元）八年（792）七月，以迴紇藥羅葛靈檢校右僕射，靈本唐人，姓呂氏，因入迴紇，爲可汗養子，遂以可汗姓爲藥羅葛靈，在國用事。因來朝，寵賚甚厚，仍給市馬絹七萬匹。〔註40〕

> （穆宗長慶）二年（822）二月，賜迴馬價絹五萬匹。三月，又賜馬價絹七萬匹。〔註41〕

> 文宗初，又賜馬直絹五十萬。〔註42〕

> （文宗）太和元年（827），命中使以絹二十萬匹付鴻臚寺，宣賜迴鶻充馬價。三年（829）正月，中使以絹二十三萬匹賜迴紇充馬價。〔註43〕

另外冊府元龜亦記之甚詳：

> 德宗貞元三年（787）八月丁酉，……帝許以咸安公主嫁之，……以馬價絹五萬還之，許互市而去。〔註44〕

> （貞元）六年（790）六月，迴紇使移職伽達干歸蕃，賜馬價絹三萬疋。八年（792）七月，給迴紇市馬絹七萬疋。

> 憲宗元和十年（815）八月，以絹十萬疋，償迴紇之馬直。十二月，以絹九萬七千疋，償迴紇馬直。十一年（816）二月，以內庫繒絹六萬疋，償迴紇馬直。四月，以絹二萬五千疋，償迴紇馬直。穆宗長慶二年（822）二月，以絹五萬疋，賜迴紇充馬價。四月，又賜迴紇馬價絹七萬疋。十二月，以絹八萬疋，償迴紇馬直。文宗太和元年（827）三月，內出絹二十六萬疋，賜迴紇充馬價。六月，命中使以

〔註39〕 書同前，頁5208。
〔註40〕 書同前，頁5210。
〔註41〕 書同前，頁5212。
〔註42〕 新唐書卷二百一十七下，列傳第一百四十二下，頁6130。
〔註43〕 舊唐書卷一百九十五，列傳第一百四十五，迴紇傳，頁5213。
〔註44〕 冊府元龜卷九七九，外臣部，和親二，頁11505，中華書局印行，民國61年11月台二版。

絹二十萬疋付鴻臚寺，宣賜迴紇充馬價。〔註45〕

由上觀之，唐人所付之布帛實在頗多〔註46〕，故形成唐國財政之一大負擔，尤其是回紇人之貪婪及其經商手段之高明，往往使唐人在互市中居於無利可圖之地位。然而敘於外交與軍事之因素，唐廷又不得不以布帛與之易馬，以遂其貪慾。史書述及當時唐人頗以此爲苦之史料甚多，唐會要卷七十二曰：

> 迴紇恃功，自乾元後，仍歲來市，以馬一匹易絹四十匹，動至數萬馬。其使候遣，繼留於鴻臚寺者非一，番人欲帛無厭，我得馬無用，朝廷甚苦之。時特盈數遣之，以廣恩惠，使其知愧。〔註47〕

新唐書兵志曰：

> 乾元後，回紇恃功，歲入馬取繒，馬皆病弱不可用。〔註48〕

同書食貨志曰：

> 時回紇有助收西京功，代宗厚遇之，與中國婚姻，歲送馬十萬匹，酬以繒帛百餘萬匹，而中國財力屈竭，歲負馬價。〔註49〕

同書回鶻傳曰：

> 自乾元後，益負功，每納一馬，取直四十繒，歲以數萬求售，使者相躡，留舍鴻臚，駘弱不可用，帝厚賜欲以愧之，不知也，復以萬馬來，帝不忍重煩民，爲償六千。〔註50〕

舊唐書迴紇傳曰：

> 迴紇恃功，自乾元之後，屢遣使以馬和市繒帛，仍歲來市，以馬一匹易絹四十匹，動至數萬馬。其使候遣，繼留於鴻臚寺者非一，蕃得帛無厭，我得馬無用，朝廷甚苦之。是時，特詔厚賜遣之，示以廣恩，且俾知愧也。是月，迴紇使赤心領馬一萬匹來求市，代宗以

〔註45〕書同前，卷九九九，外臣部，互市，頁11727。
〔註46〕參閱札奇師斯欽撰，「對回鶻馬問題的一個看法」，食貨復刊第一號第一期，民國60年4月，台北。
劉師義棠撰，「回鶻馬研究」，載於「維吾爾研究」，頁321～372，正中書局印行，民國64年4月台初版。
傅樂成撰，「迴紇馬與朔方兵」，載於邊疆文化論集（二），頁212～222，中華文化出版事業委員會，民國43年7月再版。
〔註47〕唐會要卷七十二，頁1303，台灣商務印書館印行，國學敘本叢書，民國57年3月台一版。
〔註48〕新唐書卷五十，志第四十，兵，頁1339。
〔註49〕書同前，卷五十一，志第四十一，食貨一，頁1348。
〔註50〕書同前，卷二百一十七上，列傳第一百四十二上，回鶻上，頁6120～6121。

馬價出於租賦，不欲重困於民，命有司量入，計許市六千匹。〔註51〕

資治通鑑卷二二四，大曆八年五月乙酉條曰：

> 回紇自乾元以來，歲求和市，每一馬易四十縑，動至數萬匹，馬皆駑瘠無用，朝廷苦之，所市多不能盡其數，回紇待遣繼至者，常不絕於鴻臚，至是，上欲悅其意，命盡市之。秋七月辛丑，回紇辭歸，載賜遺及馬價，共用車千餘乘。〔註52〕

陸宣公集卷第十九，中書奏議卷第三，論緣邊守備事宜狀，曰：

> 迴紇矜功，馮凌亦甚，中國不遑振旅四十餘年，使傷耗遺畝，竭力蠶織，西輸賄幣，北償馬資，尚不足塞其煩言，滿其驕志。〔註53〕

白（居易）氏長慶集卷四，陰山道，曰：

> 陰山道，陰山道，紇邏敦肥水泉好，每至戍人送馬時，道傍千里無纖草，草盡泉枯馬病羸，飛龍但印骨與皮，五十匹縑易一匹，縑去馬來無了日，養無所用去非宜，每歲死傷十六七，縑絲不足女工苦，疎織短截充匹數，藕絲蛛網三丈餘，迴鶻訴稱無用處，咸安公主號可敦，遠為可汗頻奏論，元和二年下新勅，內出金帛酬馬直，仍詔江淮馬價縑，從此不令疎短織，合羅將軍呼萬歲，捧授金銀與縑綵，誰知黠虜啓貪心，明年馬多來一倍，縑漸好，馬漸多，陰山虜，奈爾何！〔註54〕

吾人由上觀之，唐人當時以布帛來控制、拉攏、安撫迴紇之策略，確實是付出很大之代價，然而亦使「聯迴制吐」產生莫大之作用，故可謂是頗為值得的。

至於回紇每歲從唐人手中所得如是之多之縑帛，到底做何用途呢？縑帛在其日常生活中，固然甚為重要，然而吾人亦知必不可能全部予以穿用。故其以此些縑帛轉手賣於西亞及歐洲，而賺取更大利潤之事，亦尤值得吾人注意也。〔註55〕

〔註51〕舊唐書卷一百九十五，列傳第一百四十五，迴紇傳，頁5207。

〔註52〕資治通鑑卷二百二十四，大曆八年五月乙酉條，頁2198。

〔註53〕陸贄撰，陸宣公集卷第十九，中書奏議卷第三，論緣邊守備事宜狀，頁149，台灣商務印書館印行，四部叢列正編。

〔註54〕白居易撰，白氏長慶集卷四，陰山道，頁51，台灣商務印書館印行，四部叢刊正編。

〔註55〕同註46。

六、布帛與五代時期各國之外交

唐末契丹族興起於吾國東北，至五代十國時期，利用中原各國彼此對立之機會，多所要脅。舊五代史外國列傳契丹傳曰：

> （唐哀帝）天祐四年（907），（耶律阿保機）大寇雲中，……後唐武皇（李克用）遣使連和。……莊宗（李存勗）初嗣世，亦遣使告哀，賂以金繒，求騎軍以救潞州。〔註56〕

同書唐書明宗本紀亦曰：

> 天成二年（927）……十二月戊寅朔，……遣飛勝指揮使於契丹，賜契丹王錦綺、銀器等，兼賜其母繡被纓絡。〔註57〕

同書契丹傳曰：

> （耶律德光）冊晉高祖（石敬瑭）爲大晉皇帝，約爲父子之國，割幽州管內及新、武、雲、應、朔州之地以賂之，仍每歲許輸帛三十萬。〔註58〕

新五代史四夷附錄契丹條曰：

> 晉高祖每遣使聘問，奉表稱臣，歲輸絹三十萬匹，其餘寶玉珍異，下至中國飲食諸物，使者相屬於道，無虛日。〔註59〕

契丹族對於布帛之物甚爲喜歡，其衣物大多仰賴漢地輸入，故常以軍事行動支持中原某一朝廷或國家，以便獲得大量之財物，尤其是布帛之屬。甚至於同時支持兩個或兩個以上之中原國家，使其等皆爭相以財物來賄賂，以便從中取得更多之財物。

七、布帛與宋代之外交

宋代國勢不振，自立國後，即屢受制於遼人，故在「澶淵盟約」中，允予遼人許多金帛以求和。遼史聖宗本紀五曰：

> （統和）二十二年（1004），……十二月……戊子，宋遣李繼昌請和，以太后（承天皇太后）爲叔母，願歲輸銀十萬兩，絹二十萬

〔註56〕舊五代史卷一百三十七，外國列傳第一，契丹傳，頁1828，鼎文書局印行，民國66年9月初版。
〔註57〕書同前，卷三十八，唐書十四，明宗紀第四，頁530。
〔註58〕書同前，卷七十五，晉書一，高祖紀第一，頁98。
〔註59〕新五代史卷七十二，四夷附錄第一，契丹，頁894，鼎文書局印行，民國65年11月初版。

匹。〔註60〕

續資治通鑑長編卷五十八，曰：

（遼）欲歲取金帛，（曹）利用許遺絹二十萬匹，銀一十萬兩，議始

定。〔註61〕

至仁宗慶曆二年（1042），遼人乘西夏反叛之際，求瓦橋關以南十縣之地，宋廷派富弼前往交涉，經過多次努力，終以歲增銀絹各十萬兩匹，並以「納」字與之，方得遂其心。〔註62〕

至於對西夏之安撫，宋廷亦常以金帛予之。故當「繼捧立，以太平興國七年（982），率族人入朝。……（宋）太宗甚嘉之，賜白金千兩，帛千匹，錢百萬，……用宰相趙普計，欲委繼捧以邊事，……賜姓趙氏，更名保忠，……授夏州刺史……賜金器千兩、銀器萬兩，并賜五州錢帛、芻粟、田園。保忠辭日，宴于長春殿，賜襲衣、玉帶、銀鞍馬、錦綵三千匹，銀器三千兩，又賜錦袍、銀帶五百副、馬五百匹」。〔註63〕及至「（眞宗景德）三年（1006），……賜（趙德明）襲衣、金帶、銀鞍勒馬、銀萬兩、絹萬匹、錢三萬貫、茶二萬斤，給奉如內地」。〔註64〕後「會（趙）元昊請臣，朝廷亦已厭兵，屈意撫納，歲賜繒、茶增至二十五萬，而契丹邀割地，復增歲遺至五十萬。自是歲費彌有所加，西兵既罷，而調用無所減」。〔註65〕「（慶曆）四年（1042），（元昊）始上誓表言：『兩失和好，遂歷七年，立誓自今，願藏盟府。……凡歲賜銀綺絹茶二十五萬五千，乞如常數，臣不復以他相干。乞頒誓詔，蓋欲世世遵守，永以爲好。』……十二月，（仁宗）遣尙書祠部員外郎張子奭充冊禮使，……仍賜對衣、黃金帶、銀鞍勒馬、銀二萬兩、絹二萬匹、茶三萬斤」。〔註66〕

〔註60〕遼史卷十四，本紀第十四，聖宗五，頁160，鼎文書局印行，民國64年10月初版。

〔註61〕李燾撰，續資治通鑑長編卷五十八，宋眞宗景德元年十二月癸未條，頁565，世界書局印行，民國63年6月三版。

〔註62〕參閱拙作「宋遼歲幣外交與國運之關係」，中華文化復興月刊第十五卷第八期，頁47～52。

〔註63〕宋史卷四百八十五，列傳第二百四十四，外國一，夏國上，頁13984，鼎文書局印行，民國67年9月初版。

〔註64〕書同前，頁13989～13990。

〔註65〕書同前，卷一百七十九，志第一百三十二，食貨下，頁4352。

〔註66〕書同前，卷四百八十五，列傳第二百四十四，外國一，夏國上，頁13999。

　　當時宋廷以金帛安撫西夏之策略，亦運用得頗為成功，故西夏仰賴宋人之布帛尤重。當趙元昊為皇太子時，曾諫其父不要再臣服於宋人，而其父「戒之曰：『吾久用兵，疲矣。吾族三十年衣錦綺，此宋恩也，不可負。』」〔註67〕由此一記述，可知西夏對於布帛之需求，非常殷切，故宋人在與西夏之互市中，常以布帛易其特產，例如宋史食貨志互市條曰：

　　　　自景德四年（1007），於保安軍置榷場，以繒帛、羅綺、易駝、馬、

　　　　牛、羊、玉、氈毯、甘草，以香藥、瓷漆器、薑桂等物，易蜜蠟、

　　　　麝臍、毛褐、羱羚角、硇砂、柴胡、菠蓉、紅花、翎毛。〔註68〕

從互市中，西夏人確實得到許多其所欠缺之物，對其民生方面有很大之幫助，然而就宋廷方面而言，既然西夏人之物資能得到或多或少之滿足，則其安撫西夏之策略亦可更加穩固矣。

　　至南宋時期，金兵屢次入犯，故其對於金人之外交，前後三次和議（紹興、隆興、開禧三時期）亦皆以金帛予之，可謂又是一件以金帛來進行外交之例證。筆者在此僅以紹興和約為例，宋史高宗本紀曰：

　　　　（紹興）十一年（1141）十一月，⋯⋯與金國和議成，⋯⋯歲奉銀

　　　　二十五萬兩，絹二十五萬匹，休兵息民，各守境土。〔註69〕

金史熙宗本紀亦曰：

　　　　（皇統）二年（1142），⋯⋯二月，⋯⋯辛卯，宋使曹勛來許歲幣銀、

　　　　絹二十五萬兩匹。〔註70〕

　　論及至此，吾人可知，宋廷之以金帛來進行買和外交，固然付出頗大之代價，然而其在國勢衰弱不振之情況下，竟能延續其國祚達三百二十年之久，則又無非是金帛所產生之作用，方能臻於此種境地也。

八、布帛與蒙元時期之外交

　　蒙古族興起後，屢次侵擾金邊，使金人亦仿宋廷安撫邊族之策，與蒙古「始和，歲遺牛、羊、豆、綿、絹之屬甚厚」，〔註71〕至「皇統七年（1147）

〔註67〕書同前，頁13993。

〔註68〕書同前，卷一百八十六，志第一百三十九，食貨下八，互市條，頁4563。

〔註69〕書同前，卷二十九，本紀第二十九，高宗六，頁551。

〔註70〕金史卷四，本紀四，熙宗，頁78，鼎文書局印行，民國65年11月初版。

〔註71〕李心傳撰，建炎以來繫年要錄卷一五六，頁4951，宋史資料萃編第二輯，趙鐵寒主編，文海出版社印行。

春三月，……金國許賜（蒙古）牛羊各二十五萬口。今又倍之，每歲仍賂絹三十萬疋，綿三十萬兩，許從和約」。〔註72〕蒙韃備錄亦記之曰：

> 舊有蒙古斯國，在金人僞天會間，亦嘗擾金虜爲患，金虜嘗與之戰，後乃多與金帛和之。〔註73〕

後來，當成吉思汗率軍圍困金之燕京時，金廷爲求蒙軍退兵，乃「遣使求和，奉衛紹王女岐國公主及金帛，童男女五百，馬三千以獻」。〔註74〕蒙古秘史二四八節亦曰：

> （金宣宗）於是（就）歸附，將（一個）有公主名位的女兒給了成吉思可汗，把金、銀、緞疋、財物等等，凡士兵們力之所及所能拿的東西，都從中都裏給拿出來，由王京丞相送到成吉思可汗那裏。……我們的士兵把緞疋財物儘力馱載，甚至用熟絹捆起來馱著走。〔註75〕

至於臣服於蒙古族之西夏及西域各國，亦常以金帛來獻。蒙古秘史二四九節曰：

> 從那裏（成吉思汗）就向合申（西夏）進兵，到達之後，合申的不兒罕就降服了。……如蒙成吉思可汗恩典，我們唐兀惕人，願把在高蕭棘草遮護地方所牧養的駱駝當做家畜獻給（你），織成毛布當做緞疋（獻）給（你）；訓練捉獵的鷹鷂，挑選好的經常呈送（你）。
>
> 〔註76〕

同書二三八節曰：

> 委兀惕（畏兀兒）的亦都兀惕（國王）遣使於成吉思可汗，差阿惕乞剌黑、荅兒伯二人爲使臣前來奏稟……成吉思可汗推恩回答說：「去（對他）說：（我）把女兒賜給（他），（叫他）做第五個兒子。讓亦都兀惕拿金、銀、珍珠、大珠、金緞、錦緞、緞子前來。」遣（使者）去後，亦都兀惕因蒙恩典，（異常）喜慰，就帶著金、銀、

〔註72〕李心傳撰，舊聞證誤卷四，頁5，百部叢書集成之三七，函海。
〔註73〕王國維著，蒙古史料四種，蒙韃備錄箋證，頁434。
〔註74〕元史卷一，本紀第一，太祖，頁17，鼎文書局印行，民國66年10月初版。
〔註75〕札奇師斯欽撰，「蒙古秘史新譯並註釋」，續卷一，第二田節，頁377，聯經出版事業公司印行，民國68年12月初版。
〔註76〕書同前，第二四九節，頁378～379。

珍珠、大珠、緞子、金緞、錦緞、綢緞來見成吉思可汗。〔註77〕

元世祖忽必烈建立元廷，滅掉南宋後，從漢人手中取得金帛已易如反掌，故當時經常有大量財物運至北地，供給蒙古族生活上之需要。而元代諸帝亦常以金帛賞賜給宗室及功臣們，〔註78〕如此一來，則布帛之物在中原朝廷與北方游牧民族之交往中，所扮演之角色又不僅限於外交政策上之運用而已，在元代之內政上，亦產生莫大之作用。

九、布帛與明代之外交

明國建立後，北元勢力仍強，屢次入犯明邊，故明廷為加強邊防，並滿足邊族對布帛之需求起見，乃於「永樂間，設馬市三：一在開原南關，以待海西；一在開原城東五里，一在廣寧，皆以待朵顏三衛。定直四等：上直絹八疋，布十二，次半之，下二等各以一遞減。既而城東、廣寧市皆廢，惟開原南關馬市獨存」。〔註79〕

至明英宗時期，國力漸衰，邊境不寧，明廷只好給予邊酋更多之布帛，以安撫之。明英宗實錄卷七十二曰：

> 正統五年（1440）冬十月，……甲申，行在金吾左等衛帶俸都指揮使康能奏：比奉命齎勑并綵段表裏往賜脫脫不花王及平章伯顏帖木兒等。脫脫不花王既受賜，復因索所與諸酋長者。臣等不得已，借眾官軍綵段六百六十八，表裏三，梭布五千八百七十四，與之。乞賜還。〔註80〕

明廷與其邊族之交往，既是亦以布帛為外交政策運用之重要工具，故布帛之屬在各邊族之日常生活中成為重要物資，並且一昧向明廷強索，有名之「土木堡之變」，即是緣於此種背景而發生。明史楊善傳曰：

> （楊）善因詰之曰：「太上皇帝（英宗）朝，太師（也先）遣貢使必三千人，歲必再賚，金幣載途，乃背盟見攻，何也？」也先曰：「奈

〔註77〕書同前，卷十，第二三八節，頁355。
〔註78〕元代諸帝以金帛賞賜給宗室及功臣們之記事，多不勝舉，可參閱元史卷九十五，志第四十四，食貨三，歲賜條，頁2411～2444。
〔註79〕明史卷八十一，志第五十七，食貨志，馬市條，頁1982，鼎文書局印行，民國64年4月初版。
〔註80〕明英宗實錄卷七十二，正統五年十月甲申條，頁1397，中央研究院歷史語言研究所影印本，民國51年。

何削我馬價？予帛多剪裂，前後使人往，多不歸，又減歲賜。」善
曰：「……帛剪裂者，通事爲之，事露，誅矣。」〔註81〕

此一段對話，說明土木堡之變，乃是因明人給予瓦剌之布帛，常被邊官從中
舞弊，而予以剪裂之布帛，遂使需求布帛甚切之瓦剌，來興師問罪，終於造
成明國之不幸。

明代中葉之邊患，既日亟嚴重，故爲安撫邊族，不僅賞賜更多之布帛，
且常以布帛與其易馬，明英宗實錄卷二一一曰：

景泰二年（1451）十二月，……丙子……太子太傅兼禮部尚書胡濙
等奏……迤北瓦剌，脫脫不花王并太師也先各邊使臣來朝貢馬。上
等馬，每匹給綵段四表裏，絹八匹。中等馬，每匹綵段二表裏，折
鈔絹二匹。下等馬，每匹紵絲一匹，絹八匹，折鈔絹一匹。下下等
馬，每匹絹六匹，折鈔絹一匹，陸續給賞。其中使臣察占以賜禮薄，
不受。帝曰：夷人不必與較，下下等馬，每匹絹六匹，折鈔絹一匹，
陸續給賞，其中使臣察占以賜禮薄，不受。悉照下等馬例賞，庶不
失遠人之心。〔註82〕

同書卷二二三亦曰：

景泰三年（1452）十一月，癸未……命瓦剌也先使察占等進貢馬，
俱照陝西行都司存留馬例，每匹給賞紵絲一匹，絹七匹，折鈔絹一
匹。〔註83〕

邊將王崇古主持邊事時，亦曾「廣召商販，聽令貿易，布帛、菽粟、皮
革遠自江、淮、湖廣輻輳塞下，因收其稅以充犒賞。其大小部長則官給金繒，
歲市馬各有數」。〔註84〕明史韃靼傳亦曰：

（王）崇古復條八事以請。……其使，歲許六十人進京，餘待境上。
使還，聽以馬價市繒布諸物。……立互市，其規如弘治初，北部三
貢例。蕃以金、銀、牛、馬、皮張、馬尾等物，商販以緞紬、布匹、
釜鍋等物。……議撫賞，守市兵人布二匹，部長段二匹，紬二匹。……
疏入，下廷臣議，帝（穆宗）終從崇古言，詔封俺答爲順義王，賜

〔註81〕明史卷一百七十一，列傳第五十九，楊善傳，頁4566。
〔註82〕明英宗實錄卷二百十一，景泰二年十二月丙子條，頁4540～4541。
〔註83〕書同前，卷二百二十三，景泰三年十一月癸未條，頁4841。
〔註84〕明史卷二百二十二，列傳第一百十，王崇古傳，頁5842～5843。

紅蟒衣一襲，昆都力哈、黃台吉授都督同知，各賜紅獅子衣一襲、

綵幣四表裏，……兵部採崇古議，定市令。秋市成，凡得馬五百餘

匹，賜俺答等綵幣有差。……（神宗）萬曆十年（1582）春，俺答

死，帝特賜祭七壇，綵段十二表裏，布百匹，示優恤。〔註85〕

　　論至此，吾人已可深切體認，布帛在中國古代之外交上，實在有其不可

磨滅之作用與價值。

十、結　論

　　古來在中國地區，由於中原農耕民族與北方游牧民族生活環境不同，彼

此所生產之物品，亦有極大之差別，故雙方不論在和平或戰爭時期，常透過

朝貢、賞賜、互市、掠奪等各種方式，來換取各自所欠缺之物資。吾人從史

料中可知，游牧民族所提供者，有牛、馬、羊等牲畜，以及其副產品，或是

由狩獵而得到之產物。而由中原農耕民族所提供者，大多均是與農業有關之

產品，其中尤以布帛為大宗，因為北方游牧民族生活於寒冷地區，對於能禦

寒之布帛，需求甚切。故中原朝廷常利用游牧民族此項之需要，將布帛靈活

而又充分地運用於外交政策上，以達到安撫、拉攏或控制邊族之目的。此一

策略，誠可謂是吾國古代中原朝廷與北方游牧民族，在長期交往中之一大特

色也。亦是吾人研究中國古代外交史及邊疆民族史，所不可忽略者。

（《中國邊政》第 80 期，民國 71 年 12 月）

〔註85〕書同前，卷三百二十七，列傳第二百十六，外國八，韃靼傳，頁 8486～8488。

三、論東北民族文化之演進

一、前　言

　　究之我東北民族文化之演進，可發現一特殊之現象，即是時而進步，盛如「海東盛國」之渤海文化，時而退步，被目為野蠻之區，以犬狼侮之。同時吾人可以渤海文化當作一界限，而謂在此之前，東北民族文化是落後的，及至渤海國興，文化優美，乃有「海東盛國」之美譽，然而當渤海國袁亡後，東北民族之文化卻逐漸退步，至明代終退為漁獵生活型態，而以夷狄視之。

　　本文即是欲就此方面作一探討。

二、東北民族早期之文化

　　徵之史籍所述，我東北諸重要民族在渤海國未興之前，其文化情形為：

（一）挹　婁

後漢書卷八十五東夷傳云：

> 挹婁，古肅慎之國也。在夫餘東北千餘里，東濱大海，南與北沃沮接，不知其北所極。……有五穀麻布，出赤玉好貂。無居長，其邑落各有大人，處於山林之間。土氣極寒，常為穴居，以深為貴，大家至接九梯。好養豕，食其肉，衣其皮，冬以豕膏塗身厚數分，以禦風寒，夏則裸袒，以尺布蔽其前後。其人臭不潔，作廁於中，圜之而居。……弓長四尺，力如弩，矢用楛，長一尺八寸，青石為鏃……好寇盜，鄰國畏患，而卒不能服。東夷夫餘飲食類此，皆用俎豆。

唯挹婁獨無法俗，最無網紀者也。〔註1〕

晉書卷九九四夷傳則曰：

> 肅慎氏，一名挹婁……居深山窮谷，其路險阻。車馬不通。夏則巢
> 居，冬則穴處。父子世爲君長，無文墨，以言語爲約。有馬不乘，
> 但以爲財產而已，無牛羊，多畜豬，食其肉，衣其皮，績毛以爲布。……
> 無井竈，作瓦鬲，受四五升以食。坐則箕踞，以足挾肉而啖之，得
> 凍肉坐其上令暖。土無鹽、鐵，燒木作灰，灌取汁而食之。俗皆編
> 髮，以布作襜，徑尺餘以蔽前後。將嫁娶，男以毛羽插女頭，女和
> 則持歸，然後致禮聘之。婦貞而女淫，貴壯而賤老，死者，其日即
> 葬之於野，交木作小椁，殺豬積其上，以爲死者之糧。性凶悍，以
> 無憂哀相尚，父母死，男子不哭泣，哭者謂之不壯。相盜竊，無多
> 少皆殺之，故雖野處而不相犯。〔註2〕

（二）夫　餘

後漢書卷八十五東夷傳云：

> 夫餘國……於東夷之域，最爲平敞，土宜五穀，出名馬、赤玉、貂
> 豽、大珠如酸棗。以員柵爲城，有宮室、倉庫、牢獄。其人麤大彊
> 勇而謹厚，不爲寇鈔，以弓矢刀矛爲兵，以六畜名官，有馬加、牛
> 加、狗加，其邑落皆主屬諸加。食飲用俎豆，會同、拜爵、洗爵，
> 揖讓升降。以臘月祭天，大會連日，飲食歌舞；名曰迎鼓，是時斷
> 刑獄，解囚徒。有軍事亦祭天殺牛，以蹄占其吉凶。……其俗用刑
> 嚴急，被誅者，皆沒其家人爲奴婢。盜一責十二，男女淫皆殺之，
> 尤治惡妒婦，既殺，復尸於山上。兄死妻嫂，死則有椁無棺，殺人
> 殉葬，多者以百數。〔註3〕

晉書卷九七四夷傳曰：

> 夫餘國……有城邑宮室，地宜五穀。其人強勇，會同揖讓之儀有似
> 中國。其出使，乃衣錦罽，以金銀飾腰。其法，殺人者死，沒入其
> 家，盜者，一責十二，男女淫，婦人妬，皆殺之。若有軍事，殺牛
> 祭天，以其蹄占吉凶，蹄解者爲凶，合者爲吉。武者以生人殉葬，

〔註1〕後漢書卷八十五，東夷列傳第七十五，頁2812，鼎文書局印行。
〔註2〕晉書卷九十七，列傳第六十七，四夷，頁2534～2535。
〔註3〕後漢書卷八十五，東夷列傳第七十五，頁2811。

有椁無棺。其居喪，男女皆衣純白，婦人著布面衣去玉珮。出善馬及貂豹，美珠，珠大如酸棗。其殷富，自先世以來，未嘗被破。其王印文稱：「穢王之印」，國中有古穢城，本穢貊之城也。〔註4〕

（三）烏桓、鮮卑

後漢書卷九十烏桓鮮卑傳云：

烏桓者……俗善騎射，弋獵禽獸為事，隨水草放牧，居無常處，以穹廬為舍，東開向日。食肉飲酪，以毳為衣。貴少而賤老，其性悍寒，怒則殺父兄而終不害其母，以母有族類，父兄無相仇報故也。有勇健能理決鬥訟者，推為大人，無世業相繼。邑落各有小帥，數百千落自為一部，大人有所召呼，則刻木為信，雖無文字，而部眾不敢違犯。氏姓無常，以大人健者名字為姓，大人以下，各自畜牧營產，不相徭役。……婦人能刺韋，作文繡、織氈，男子能作弓矢鞍勒，鍛金鐵為兵器。其土地宜穄及東牆，東牆似蓬草，實如穄子，至十月而熟。見鳥獸孕乳，以別四節。俗貴兵死，斂屍以棺，有哭泣之哀，至葬則歌舞相送。……敬鬼神，祠天、地、日、月、星、辰、山、川及先大人有健名者。〔註5〕

同卷亦曰：

鮮卑者……其言語、習俗與烏桓同。〔註6〕

（四）奚

北史卷九四奚傳云：

奚本曰庫莫奚……俗不潔淨，而善射獵，好為寇抄。〔註7〕

新唐書卷二一九曰：

奚……與突厥同俗，逐水草畜牧，居氈廬，環車為營。……稼多穄，已穫，窖山下，斷木為臼，瓦鼎為餰，雜寒水而食。喜戰鬥……。

〔註8〕

〔註4〕晉書卷九十七，列傳第六十七，四夷，頁2532。
〔註5〕後漢書卷九十，烏桓鮮卑列傳第八十，頁2979。
〔註6〕書同前，頁2985。
〔註7〕北史卷九十四，列傳第八十二，奚，頁3126。
〔註8〕新唐書卷二百一十九，列傳第一百四十四，北狄，奚，頁6173。

（五）契　丹

隋書卷八四北狄傳：

> 契丹……其俗頗與靺鞨同。好爲寇盜，父母死而悲哭者，以爲不壯。
> 〔註9〕

（六）室　韋

北史卷九四室韋傳：

> 室韋國……語與庫莫奚、契丹、豆莫婁國同。頗有粟麥及穄，夏則城
> 居，冬逐水草，……男女悉衣白鹿皮襦袴，有麴釀酒。……丈夫皆
> 被髮，婦女盤髮，衣服與契丹同。乘牛車，以蘧蒢爲屋，度水則束
> 薪爲栰，或有以皮爲舟者。……寢則木屈爲室，以蘧蒢覆上，移則
> 載行。以腊皮爲席，編木爲藉，婦女皆抱膝坐。氣候多寒，田收甚
> 薄，無羊，少馬，多豬牛。與靺鞨同俗，婚嫁之法，二家相許竟，
> 輒盜婦將去，……其國無鐵……取給於高麗，多貂，……皆捕貂爲
> 業，冠以狐貂，衣以魚皮。〔註10〕

新唐書卷二一九北狄列傳曰：

> 室韋……濱散川谷，逐水草而處，不稅歛。……剡木爲犁，人挽以
> 耕，田穀其褊。……其俗……富人以五色珠垂領；婚嫁，則先傭女
> 家三歲。……土少金鐵，率資于高麗，器有角弓楛矢，……率乘牛
> 車，蘧蒢爲室……其語言，靺鞨也。〔註11〕

（七）靺　鞨

新唐書卷二一九北狄列傳曰：

> 黑水靺鞨……其著者曰粟末部……又次曰安居骨部……唯黑水完
> 強……俗編髮，綴野豕牙，插雉尾爲冠飾，自別於諸部，性忍悍，
> 善射獵，無憂戚，貴壯賤老，居無室廬，負山水坎地，梁木其上，
> 覆以土如丘冢然。夏出隨水草，冬入處。死者埋之，無棺椁，殺所
> 乘之馬以祭。……畜多豕，無牛、羊，有車、馬，田耦以耕，車則
> 步推，有粟麥……。〔註12〕

〔註9〕隋書卷八十四，列傳第四十九，北狄，契丹，頁1881。
〔註10〕北史卷九十四，列傳第八十二，室韋，頁3129。
〔註11〕新唐書卷二百一十九，列傳第一百四十四，北狄，室韋，頁6176。
〔註12〕書同前，黑水靺鞨，頁6177～6178。

三、渤海文化之產生

綜上所述觀之，吾人可知東北民族之文化在渤海國未興之前，並非優美。但其等對於渤海王國文化之發展，亦具極密切之關係，此是吾人不能否認的。而影響渤海文化之產生最鉅者，即是：

（一）高句麗文化之影響

新唐書卷二一九渤海傳曰：

> 渤海，本粟末靺鞨附高麗者，姓大氏……。〔註13〕

故其首領大祚榮，以高句麗之遺民，一昧吸收高句麗文化。當時高句麗文化已是非常高明，據隋書、舊唐書、新唐書高麗傳中所述，其官制、社會、文字、教育、美術等文化程度均很高。且經近代學者考證，渤海文化多屬高句麗末期之文化，由此更可知高句麗文化對其影響之深。〔註14〕

（二）唐文化之影響

渤海國為粟末靺鞨之後，其根據地在今吉林南部，接近中國本部，故頗受影響，且自大祚榮銳意輸入唐文化後，使渤海文化更形優美。宋王應麟玉海卷一五三曰：

> 渤海本粟末靺鞨，及祚榮號震國王，中宗遣侍御史張行岌招慰，祚榮遣子入侍。先天中，遣使拜渤海郡王，以所統為忽汗州都督，始去靺鞨號。玄宗世朝獻者二十九，開元二（714）年三月，令生從六人入學……渤海遣使求寫唐書及三國志、晉國、三十六國春秋。……初其王數遣諸子詣京師大學，習識古今制度，遂為海東盛會。〔註15〕

舊唐書卷一九九下渤海靺鞨傳亦云：

> （大和）七年（833）正月，遣同中書左平章事高寶英來謝冊命，仍遣學生三人，隨寶英請赴上都學問，先遣學生三人，事業稍成，請歸本國，許之。〔註16〕

故當時唐文化之輸入，範圍很廣，在學術、工藝、宗教、典章制度等方面，均深深影響了渤海文化，亦即吾人可謂渤海文化之盛，除其本身固有之文化

〔註13〕書同前，渤海，頁6179。
〔註14〕津田左右吉著，陳清泉譯，渤海史考，頁69～70，臺灣商務印書館發行。
〔註15〕宋王應麟撰，玉海卷第一百五十三，朝貢，唐渤海遣子入侍條，頁2906，大化書局印行。
〔註16〕舊唐書卷一百九十九下，列傳第一百四十九下，北狄，渤海，頁5363。

外，另參雜高度之唐、高句麗文化，使其文物更形完備，燦然可觀之況，為東北諸民族所未曾有。新唐書卷二一九北狄列傳有言：

> 初，其王（渤海）數遣諸生詣京師太學，習識古今制度，至是遂為海東盛國，地有五京、十五府、六十二州。……俗謂王曰「可毒夫」，曰「聖王」，曰「基下」。其命為「教」。王之父曰「老王」，母「太妃」，妻「貴妃」，長子曰「副王」，諸子曰「王子」。官有宣詔省，左相、左平章事、侍中、左常侍、諫議居之。中書省，右相、右平章事、內使、詔誥舍人居之。政堂省，大內相一人，居左右相上；左、右司政各一，居左右平章事之下，以比僕射；左、右允比二丞。左六司、忠、仁、義部各一卿，居司政下，支司爵、倉、膳部，部有郎中、員外；右六司，智、禮、信部，支司戎、計、水部、卿、郎準左以比六官。中正臺，大中正一，比御史大夫，居司政下；少正一。又有殿中寺、宗屬寺，有大令。文籍院有監，令、監皆有少。太常、司賓、大農寺、寺有卿。司藏、司膳寺、寺有令、丞。冑子監有監長、巷伯局有常侍等官。其武員有左右猛賁、熊衛、羆衛、南左右衛、北左右衛，各大將軍一、將軍一。大抵憲象中國制度如此。以品為秩、三秩以上服紫、牙笏，金魚。五秩以上服緋、牙笏、銀魚。六秩、七秩淺緋衣，八秩綠衣，皆木笏。俗所貴者，曰太白山之菟、南海之昆布，柵城之鼓，扶餘之鹿，鄚頡之豕，率賓之馬，顯州之布，沃州之綿，龍州之紬，位城之鐵，盧城之稻，湄沱湖之鯽。果有九丸都之李，樂游（浪）之梨。餘俗與高麗、契丹略等。

〔註17〕

四、渤海文化對契丹與女真之影響

渤海文化除影響及於日本外，亦立其倒影及於高麗。津田左右吉渤海史考曰：

> 忽汗城陷落後，渤海遺民或成群而入高麗，或由王族貴族率領而來高麗，乃高麗史所明記者。移往者既多，不可謂對於高麗社會，無何等文化的影響也。縱令高麗之文化不劣於渤海；又或同為漢人文

〔註17〕 新唐書卷二百一十九，列傳第一百四十四，北狄，渤海，頁 6182～6183。

化之一反影，而無特別差異；但其反影之素質，必有不同，在許多
方面，必有足存所謂海東盛國之名者。〔註18〕

然此二者（渤海文化對日本、高麗之影響）非本文所欲論者，姑且略之。現
只言其對遼、金之影響。

（一）渤海文化對契丹人之影響

契丹族興起後，其酋長耶律阿保機建立遼國，並於唐明宗天成元年（926）
親征渤海國，破忽汗城，渤海王大諲譔投降，渤海國亦亡。

究之渤海立國歷二百多年，而遼滅之，竟如摧枯拉朽，其因乃是渤海臣
民習尚華風，頗喜文制，久之，漸流於文弱，昔日剛勁之風，銷蝕殆盡，故
其力不足以擋初興未艾之遼國。

遼滅渤海後，即將其改爲東丹國，以耶律阿保機長子圖欲（突欲、托允）
鎮之，號人皇王，遼史太祖紀曰：

> 天顯二（927）年二月丙午，改渤海國爲東丹國，忽汗城爲天福，冊
> 皇太子倍爲人皇以主之，以皇弟迭剌爲左大相，渤海老相爲右大相，
> 渤海司徒大素賢爲左次相，耶律羽之爲右次相。〔註19〕

另遼史義宗傳亦言：

> 義宗名倍，小字圖欲，太祖長子，神冊元年春，立爲皇太子。天顯
> 元年（926），從征渤海。……大諲譔窮蹙請降，改其國曰東丹，名
> 其城曰天福，以倍爲人皇王，主之，仍賜天子冠服，建元甘露，稱
> 制置左右大次四相及百官，一用漢法。〔註20〕

由此可知，遼國初期及東丹國之官制，頗取源於渤海國之舊制。

然東丹立國未久，即行南遷。遼史太宗紀曰：

> 天顯三年（928）十二月，時人皇王在皇都，詔遣耶律羽之遷東丹民
> 以實東平，其民或亡入新羅、女眞，因詔困乏不能遷者，許上國富
> 民給贍而隸屬之，升東平郡爲南京。〔註21〕

遼史義宗傳則曰：

> 太宗既立，見疑，以東平爲南京，徙倍居之，盡遷其民。〔註22〕

〔註18〕 津田左右吉著，陳清泉譯，渤海史考，頁108。
〔註19〕 遼史卷二，本紀第二，太祖下，頁22。
〔註20〕 書同前，卷七十二，列傳第二，宗室，義宗倍，頁1209～1210。
〔註21〕 書同前，卷三，本紀第三，太宗上，頁29～30。
〔註22〕 同註20，頁1210。

又遼史耶律羽之傳曰：

> 天顯元年（926），渤海平，立皇太子爲東丹王，以羽之爲中臺省右
> 次相。時人心未安，左大相迭刺不踰月薨。羽之莅事勤恪，威信並
> 行。太宗即位，上表曰：「我大聖天皇，始有東土，擇賢輔以撫斯民，
> 不以臣愚而任之，國家利害，敢不以聞，渤海昔畏南朝，阻險自衛，
> 居忽汗城，今去上京遼邈，既不爲用，又不罷戍，果何爲哉？先帝
> 因彼離心，乘釁而動，故不戰而克，天授人與，彼一時也。遺種寖
> 以蕃息，今居遠境，恐爲後患，梁水之地，乃其故鄉，地衍土沃，
> 有木鐵鹽魚之饒，必安居樂業，然後遷徙，以翼吾左，突厥、黨項、
> 室韋夾輔吾右，可以坐制南邦，混一天下，成聖祖未集之功，貽後
> 世無疆之福。」表奏，帝嘉納之。是歲，詔徙東丹國民於梁水，時
> 稱其善。〔註23〕

故渤海文化對遼之影響反不及漢文化之影響於遼，且圖欲因未能繼承帝位，
被其弟耶律德光所奪，南走中國，更使東丹國無法在平穩中接受渤海文化之
薰陶。遼史義宗傳曰：

> 唐明宗聞之，遣人跨海持書密召倍，倍因畋海上，使再至，倍謂左
> 右曰：「我以天下讓主上，今反見疑，不如適他國以成吳泰伯之居。」
> 立木海上，刻詩曰：「小山壓大山，大山全無力，羞見故鄉人，從此
> 投外國」，攜高美人載書浮海而去，唐以天子儀衛迎倍。〔註24〕

松漠紀聞亦曰：

> 人皇王不得立，鞅鞅，遂自蘇乘筏浮海，歸唐明宗，善畫馬，好經
> 籍，猶以筏載行。〔註25〕

觀之東丹國之南遷，實即渤海遺民之大遷徙，且分散各地，故渤海文化
對遼之影響可謂不大，加之遼國所欲者，乃進窺中國，對渤海故國之地並未
予重視，此由日後遼受漢文化深厚之影響，即可得到證明。

（二）渤海文化對女真人之影響

渤海文化影響於女真者，吾人認爲似較深於遼。因耶律德光以東丹國僻
處東北，控制不易，又恐渤海遺族滋衍圖叛，故徙之，以分其力，使之孤弱。

〔註23〕 書同前，卷七十五，列傳第三，耶律羽之，頁 1238。
〔註24〕 同註22。
〔註25〕 宋洪皓著，松漠紀聞卷上，頁 4～5，廣文書局印行。

　　然此計有利，亦有弊。因東丹遷國後，渤海故地隨即空虛，致使女眞族有進據其地而勃興之機會。

　　故吾人可謂初當女眞人興起時，即在渤海故地受其文化之薰染。日本學者津田左右吉渤海史考曰：

　　　　渤海自契丹主耶律阿保機之一擊，國都忽汗城陷落後，社稷雖毀，
　　　　領土雖裂，若謂其文化亦陷於滅盡之悲運，則未免爲遠於實情之解
　　　　釋。余非謂彼之文化，當王國滅亡後，仍以燦然之姿，保存其命脈
　　　　也；其有體系之文化，當然與國家之政治的瓦解，同行解體。然其
　　　　素成細胞（國民精神上遺存之文化的能力），則不可謂爲因此而同歸
　　　　破壞。已失政治的體制之民族之中，縱爲無意識的，亦必有保存其
　　　　能力者，此實爲合理的判斷。換言之，作成海東盛國之民族精神的
　　　　能力，當國家分裂後，雖甚微弱，而一種潛勢力，當仍伏於民族之
　　　　一部，社會之一部；而此潛勢力之發現，即助成金帝國文化之發生。
　　　　〔註26〕

又曰：

　　　　再就渤海文化之興廢言之，其國家組織一破，其文化亦即消亡，似
　　　　甚可怪，其實不然。生物之心的組織，亦與生理的法則同，腦之細
　　　　胞，停止作用時，其幾多歲月築成之精神的建設物，亦必失其作用
　　　　之機會，而忽陷於消滅。加以渤海王國文化之中心，本限於上流，
　　　　不能徹底於下層；且其文化性質，只表面模仿唐人文化，國民自覺
　　　　上，本無根據；故其核心之貴族社會，既與國家組織同亡，則渤海
　　　　燦然之文化，失其形跡，固當然也。然而幾百年間，不斷訓練之民
　　　　族，吸收文化之能力，亦只部分的暫時的停頓耳，豈果永久消滅耶？
　　　　果也波瀾一起，作用於渤海民族後身女眞民族之精神，而造成金國
　　　　一要素。渤海自國都忽汗城陷落，亡國之遺民，割據舊土，作非系
　　　　統的非統一的運動，更閱二百餘年之久，終編入金帝國國民之一部。
　　　　其間或抗遼之勢力，或作獨立之運動，小酋長稱王稱霸，以存續渤
　　　　海國家的體制。當是時也，耽於安逸之貴族社會，既已絕滅；多收
　　　　民眾，再復其本然之性格。而其本然之衝動，及長期文化之訓練，
　　　　其中向上的潛勢力，尚能作意識的無意識的運動。指導者若善於處

〔註26〕津田左右吉著，陳清泉譯，渤海史考，頁108～109。

置，則可現作國家的新勢力。凡歷史大變動時，偉人每能活用多數
民眾之暗默勢力以興，此渤海遺民同族女真酋長阿骨打之所以起
也。〔註27〕

凡此均可知，女真族之興起與渤海文化頗有密切之關係。

　　然而女真之酋完顏阿骨打建立金國後，其所欲者，亦如遼國一般，極思
進圖中原地區，故其文化除在立國初期部分源於渤海與遼制外，受漢文化之
影響反而尤多。

五、明代東北民族之文化

　　蒙古人以馬上建國，領域極廣，對東北地區雖曾設官治之。然而彼時東
北民族之文化，已漸退落，而至明代，此種現象更趨顯著。其主因乃是明代
初期一意遠征北元，而對東北地區諸部族，則僅以羈縻政策行之，成祖曾諭
翰林學士胡廣等曰：

　　朕非欲併其土地，盡以此輩貪殘，自昔數為邊境，勞動中國，至宋
　　歲賂金幣，剝及下人膏血，卒為大患，今既畏服來朝，則恩遇之，
　　從所欲授一官，量給賜賚，捐小惠以彌重患，亦不得不然。〔註28〕

此種羈縻政策，對明廷而言，固可安撫東北女真各族於一時，然而仍須依賴
強大之邊防武力為後盾。故及至明代中葉，武力漸衰，無力安撫時，東北女
真各族即起作亂，索求無度，且互相兼併爭鬥，社會秩序紛亂。再加上明廷
既棄女真各族於化外，更易造成其社會、經濟之崩潰，及彼此強凌弱，眾暴
寡，爭戰不已之局面。

　　故吾人可謂明代之東北女真各族，在上述之背景下，其文化實遑論能再
往前進矣。亦即有明一代對東北之經營方式誠為失之成算，日本學者稻葉君
山滿州發達史有言：

　　明之經營滿洲……依理論之，明者，元朝之繼承者也。則其經營之
　　範圍，宜併南北滿洲與朝鮮咸鏡道皆應概括在內矣！詎知就其行動
　　之跡象觀之，竟有大不然者。……太祖經營滿洲，襲開國之餘勢，
　　一時如火燎原。以意度之，必有簡單全局之規劃宜矣！乃竟自甘退

〔註27〕　書同前，頁 112～113。
〔註28〕　明太宗實錄，卷一一三，永樂九年二月甲辰條，頁 1441，中央研究院歷史語
　　　　　言研究所影印本。

縮，侷躇於開原以西者，其內面有何隱情，殊非外人所可得知。然
就表面觀之，不可謂非開國方略上之遺算也。〔註29〕

六、結　論

綜觀上之論述，吾人可從我東北民族文化之演進情形，得到一顯著之跡
象，即是此地區之文化，初由落後而漸進文明，尤其至渤海立國時文物更為
完備，因當時渤海國乃是處於和平之狀態下，吸收了高麗和唐之文化。而及
至遼金時期，其文化之程度雖亦頗高，然而因是居於和五代及宋交戰下，吸
收了中國文化，且因戰爭之頻繁，更影響了其吸收及消化中國文化的能力與
態度，故此時期之文化反不比渤海文化為高。

至於明代時期，東北民族文化退落更甚之原因，吾人亦可由上之論述而
知，當東北民族中有某一部族興起，進而建立國家，則在國有長君與定制之
下，即較有機會與心思去接受另一程度較高之文化，此亦渤海、遼、金時期
文物較為完備之緣故。而至明代，因其對於東北民族僅以羈縻政策撫之，及
至武力漸衰，無法安撫時，此些民族之社會、經濟即行崩潰，各部酋亦忙於
領兵爭戰兼併，實難論及有吸收漢文化之心思與機會，此即是明代東北女真
各族之文物不及渤海、遼、金時期完備之原因，直至後金（清）國興，方與
漢文化有較密切之接觸。

總之，我東北民族文化之演進，其跡象是頗為特殊的。

（《中國邊政》第 72 期，民國 69 年 12 月）

〔註29〕稻葉岩吉著，滿洲發達史，頁 114～116，東京日本評論社刊行。

四、論漢武帝征伐匈奴後對國運之影響

一、前　言

　　漢武帝時期之征伐匈奴，乃爲我國史上一大壯舉，不僅使漢廷聲威遠播，降服邊陲各國，且亦將從高祖以來與匈奴行和親之恥辱一掃而光，誠可謂爲漢代之盛事。

　　然而就其戰後之影響而論，則此一爭戰，漢廷實付出很大之代價。蓋兩國相爭，無論勝負如何，必均有或多或少之損失，且產生深遠之影響。故吾人觀之武帝征伐匈奴後，其國運——尤其是財政之匱乏——之轉變，即可知西漢之盛世至此已達於頂點，衰敗之兆已由是而隱隱漸生矣！

二、漢初和親政策之成效

　　漢高祖首行與匈奴和親之策，「是時，漢初定中國，徙韓王信於代，都馬邑。匈奴大攻圍馬邑，韓王信降匈奴。匈奴得信，因引兵南踰句注，攻太原，至晉陽下。高帝自將兵往擊之。……高帝先至平城，步兵未盡到，冒頓縱精兵四十萬騎圍高帝於白登，七日，漢兵中外不得相救餉。……高帝乃使使閒厚遺閼氏，閼氏乃謂冒頓曰：『兩主不相困，今得漢地，而單于終非能居之也。且漢王亦有神，單于察之。』冒頓……取閼氏之言，乃解圍之一角，於是高帝令士皆持滿傅矢外鄉，從解角直出，竟與大軍合，而冒頓遂引兵而去。漢亦引兵而罷，使劉敬結和親之約」。〔註1〕

〔註 1〕史記卷一百十，匈奴列傳第五十，頁 2894。鼎文書局印行，民國 67 年 9 月初版。

　　高祖脫險後，並未如約進行和親，故匈奴仍常犯邊。「當是時，冒頓爲單于，兵彊，控弦三十萬，數苦北邊。上（高祖）患之，問劉敬。劉敬曰：『天下初定，士卒罷於兵，未可以武服也。冒頓殺父代立，妻羣母，以力爲威，未可以仁義說也。獨可以計久遠子孫爲臣耳，然恐陛下不能爲。』上曰：『誠可，何爲不能，顧爲奈何？』劉敬對曰：『陛下誠能以適長公主妻之，原奉遺之，彼知漢適女送厚，蠻夷必慕，以爲關氏，生子必爲太子，代單于。何者？貪漢重幣。陛下以歲時漢所餘，彼所鮮數問遺，因使辯士風諭以禮節。冒頓在，固爲子婿；死，則外孫爲單于。豈嘗聞外孫敢與大父抗禮者哉？兵可無戰以漸臣也。』」〔註2〕

　　此一建議固爲劉敬一廂情願如意算盤之說法，但其對匈奴和親之論說，頗使高祖有所領悟，「乃使劉敬奉宗室女爲公主，爲單于關氏，歲奉匈奴絮繒酒米食物各有數，約爲昆弟以和親，冒頓乃少止。」〔註3〕

　　至高祖崩，「冒頓浸驕，乃爲書，使使遺高后曰：『孤僨之君，生於沮澤之中，長於平野牛馬之域，數至邊境，願遊中國。陛下獨立，孤僨獨居，兩主不樂，無以自娛，願以所有，易其所無。』高后大怒。」〔註4〕欲擊之，幸經諸將力勸「曰：『以高帝賢武，然尚困於平城。』於是高后乃止，復與匈奴和親。」〔註5〕

　　後文、景兩帝亦均行和親政策，匈奴之犯邊乃稍少，而漢代富強之基礎亦由是奠定。史記匈奴傳有言：

　　　　孝景帝復與匈奴和親，通關市，給遺匈奴，遣公主，如故約。終孝
　　　　景時，時小入盜邊，無大寇。〔註6〕

漢書食貨志亦曰：

　　　　孝景……婁（屢）敕有司以農爲務，民遂樂業。至武帝之初七十年
　　　　間，國家亡事，非遇水旱，則民人給家足，都鄙廩庾盡滿，而府庫
　　　　餘財。京師之錢累百鉅萬，貫朽而不可校。太倉之粟陳陳相因，充
　　　　溢露積於外，腐敗不可食。眾庶街巷有馬，仟伯之間成羣，乘牸牝

〔註2〕書同前，卷九十九，劉敬叔孫通列傳第三十九，頁 2719。
〔註3〕書同前，卷一百十，匈奴列傳第五十，頁 2895。
〔註4〕漢書卷九十四上，匈奴傳第六十四上，頁 3754～3755。鼎文書局印行，民國 67 年 4 月三版。
〔註5〕同註3。
〔註6〕史記卷一百十，匈奴列傳第五十，頁 2904。

者擯而不得會聚。守閭閻者食粱肉,爲吏者長子孫,居官者以爲姓
號。人人自愛而重犯法,先行誼而黜媿辱焉。〔註7〕

此一國泰民安、百姓樂業之景象,可謂乃是自高祖以來,歷經數十年與匈奴
行和親之所致,故和親之策對漢初國運之發展,實曾發揮頗大之功效

三、和親政策之絕裂

西漢經文、景二帝承平之世,財政充裕,人口繁滋。然而武帝即位後,
卻欲行積極之策,攻擊匈奴。此一舉動爲從高祖平城之圍(高祖七年,西元
前 200 年)後,第二度與匈奴做主力性之爭戰,故爲六十多年來之大事,關
係非同小可,乃於武帝建元六年(西元前 135 年)、元光二年(西元前 133 年)
兩度舉行朝議,討論對付匈奴之策。

當時贊成與反對兩方,展開激烈辯論,彼此各抒所見,其中持反對與匈
奴再起爭戰者之說法,尤其值得吾人注意,因其見解正是武帝征伐匈奴時,
所遭遇之困擾,以及後來在國運上所產生之影響。故特錄之於后,漢書韓安
國傳曰:

其年(漢武帝建元六年,西元前 135 年),田蚡爲丞相,安國爲御史
大夫。匈奴來請和親,上(武帝)下其議。大行王恢,燕人,數爲
邊吏,習胡事。議曰:「漢與匈奴和親,率不過數歲即背約,不如勿
許,舉兵擊之。」安國曰:「千里而戰,即兵不獲利。今匈奴負戎馬
足,懷鳥獸心,遷徙鳥集,難得而制。得其地不足爲廣,有其眾不
足爲彊。自上古弗屬,漢數千里爭利,則人馬罷,虜以全制其敝,
勢必危殆,臣故以爲不如和親。」羣臣議,多附安國,於是上許和
親。〔註8〕

明年(漢武帝元光二年,西元前 133 年),雁門馬邑豪聶壹因大行
王恢言:「匈奴初和親,親信邊,可誘以利致之,伏兵襲擊,必破
之道也。」上乃召問公卿曰:「朕飾子女以配單于,幣帛文錦,賂
之甚厚。單于待命加嫚,侵盜無已,邊竟(境)數驚,朕甚閔之。
今欲舉兵攻之,何如?」大行王恢對曰:「陛下雖未言,臣固願效
之。臣聞全代之時,北有彊胡之敵,內連中國之兵,然尚得養老長

〔註 7〕 漢書卷二十四上,食貨志第四上,頁 1135~1136。
〔註 8〕 書同前,卷五十二,竇田灌韓傳第二十二,頁 2398。

幼，種樹以時，倉廩常實，匈奴不輕侵也。今以陛下之威，海內爲一，天下同任，又遣子弟乘邊守塞，轉粟輓輸，以爲之備，然匈奴侵盜不已者，無它，以不恐之故耳。臣竊以爲擊之便。」御史大夫安國曰：「不然。臣聞高皇帝嘗圍於平城，匈奴至者投鞍高如城者數所。平城之飢，七日不食，天下歌之，及解圍及位，而無忿怒之心。夫聖人以天下爲度者也，不以己私怒傷天下之功，故乃遣劉敬奉金千斤，以結和親，至今爲五世利。孝文皇帝又嘗壹擁天下之精兵聚之廣武常谿，然終無尺寸之功，而天下黔首無不憂者。孝文寤於兵之不可宿，故復合和親之約。此二聖之迹，足以爲效矣。臣竊以爲勿擊便。」恢曰：「不然。臣聞不相襲禮，三王不相復樂，非故相反也，各因世宜也。且高帝身被堅執銳，蒙霧露，沐霜雪，行幾十年，所以不報平城之怨者，非力不能，所以休天下之心也。今邊竟數驚，士卒傷死，中國槥車相望，此仁人之所隱也，臣故曰擊之便。」安國曰：「不然。臣聞利不十者不易業，功不百者不變常，是以古之人君謀事必就祖，發政占古語，重作事也。且自三代之盛，夷狄不與正朔服色，非威不能制，彊弗能服也，以爲遠方絕地不牧之民，不足煩中國也。且匈奴，輕疾悍亟之兵也，至如猋風，去如收電，畜牧爲業，弧弓射獵，逐獸隨草，居處無常，難得而制。今使邊郡久廢耕織，以支胡之常事，其勢不相權也。臣故曰勿擊便。」恢曰：「不然。臣聞鳳鳥乘於風，聖人因於時。昔秦繆公都雍，地方三百里，知時宜之變，故取西戎，辟地千里，并國十四，隴西、北地是也。及後蒙恬爲秦侵胡，辟數千里，以河爲竟，累石爲城，樹榆爲塞，匈奴不敢飲馬於河，置烽燧然後敢牧馬。夫匈奴獨可以威服，不可以仁畜也。今以中國之盛，萬倍之資，遣百分之一以攻匈奴，譬猶以彊弩射且潰之癰也，必不留行矣。若是，則北發月氏可得而臣也。臣故曰擊之便。」安國曰：「不然。臣聞用兵者以飽待饑，正治以待其亂，定舍以待其勞。故接兵覆眾，伐國墮城，常坐而役敵國，此聖人之兵也。且臣聞之，衝風之衰，不能起毛羽，彊弩之末，力不能入魯縞。夫盛之有衰，猶朝之必莫也。今將卷甲輕舉，深入長驅，難以爲功，從行則迫脅，衡行則中絕，疾則糧乏，徐則後利，不至千里，人馬乏食。兵法曰：「遺人獲也。」意者有

它繆巧可以禽之，則臣不知也；不然，則未見深入之利也。臣故曰勿擊便。」恢曰：「不然。夫草木遭霜者不可以風過，清水明鏡不可以形逃，通方之士，不可以文亂。今臣言擊之者，固非發而深入也，將順因單于之欲，誘而致之邊，吾選梟騎壯士陰伏而處以爲之備，審遮險阻以爲其戒。吾勢已定，或營其左，或營其右，或當其前，或絕其後，單于可禽，百全必取。」上曰：「善。」乃從恢議。〔註9〕

武帝既採王恢誘攻匈奴之議，故是時「漢使馬邑下人聶翁壹奸蘭出物與匈奴交，詳爲賣馬邑城以誘單于。單于信之，而貪馬邑財物，乃以十萬騎入武州塞。漢伏兵三十萬馬邑旁，御史大夫韓安國爲護軍，護四將軍以伏單于。單于既入漢塞，未至馬邑百餘里，見畜布野，而無人牧者，怪之，乃攻亭。是時鴈門尉史行徼，見寇，葆此亭，知漢兵謀，單于得，欲殺之，尉史乃告單于漢兵所居。單于大驚曰：『吾固疑之。』乃引兵還。出曰：『吾得尉史，天也，天使若言。』以尉史爲『天王』。漢兵約單于入馬邑而縱，單于不至，以故漢兵無所得。……自是之後，匈奴絕和親，攻當路塞，往往入盜於漢邊，不可勝數」。〔註10〕

四、漢武帝時期征伐匈奴後對國運之影響

伏擊之計失敗後，匈奴遂絕和親，並屢犯漢邊，武帝乃令衛青、霍去病等年輕將領率大軍，自元朔元年（西元前 128 年）至元狩四年（西元前 119 年），數次主動出擊，予匈奴甚大之打擊。

然而隨著爭戰後，所產生之反效果，也深深影響及漢廷及民間，此即是由於連年用兵，耗費繁重，士馬物故者眾，人民頗不堪其擾。史記匈奴傳論及此事曰：

初，漢兩將軍（衛青、霍去病）大出圍單于，所殺虜八、九萬，而漢士卒物故亦數萬，漢馬死者十餘萬。匈奴雖病，遠去，而漢亦馬少，無以復往。〔註11〕

史記平準書亦曰：

〔註 9〕書同前，頁 2398～2403。
〔註10〕史記卷一百十，匈奴列傳第五十，頁 2905。
〔註11〕書同前，頁 2911。

及王恢設謀馬邑，匈奴絕和親，侵擾北邊，兵連而不解，天下苦其勞，而干戈日滋。行者齎，居者送，中外騷擾而相奉，百姓抏獘以巧法，財賂衰耗而不贍。入物者補官，出貨者除罪，選舉陵遲，廉恥相冒，武力進用，法嚴令具，興利之臣自此始也。其後，漢將歲以數萬騎出擊胡，……又興十餘萬人，築衛朔方，轉漕甚遼遠，自山東咸被其勞，費數十百巨萬，府庫益虛。及募民能入奴婢得以終身復，為郎增秩，及入羊為郎始於此。而漢軍之士馬死者十餘萬，兵甲之財、轉漕之費不與焉。於是大農陳藏錢經耗，賦稅既竭，猶不足以奉戰士，有司……請置賞官，命曰武功爵。言：「級十七萬，凡直三十餘萬金。諸買武功爵官首者試補吏，先除；千夫如五大夫，其有罪又減二等；爵得至樂卿，以顯軍功。」軍功多用越等，大者封侯卿大夫，小者郎吏。吏道雜而多端，則官職耗廢。〔註12〕

漢書食貨志則曰：

其明年，票騎仍再出擊胡，大克獲。渾邪王率數萬眾來降，於是漢發車三萬兩迎之，既至，受賞，賜及有功之士。是歲費凡百餘鉅萬。〔註13〕

其明年，大將軍票騎大出擊胡，賞賜五十萬金，軍馬死者十餘萬匹，轉漕車甲之費不與焉。是時財匱，戰士頗不得祿矣。〔註14〕

故由此觀之，武帝之征伐匈奴，實為兩敗俱傷之事，且影響於漢朝之國計民生尤大。初，主父偃既曾對武帝諫伐匈奴曰：

……夫務戰勝，窮武事，未有不悔者也。昔秦皇帝任戰勝之威，蠶食天下，并吞戰國，海內為一，功齊三代。務勝不休，欲攻匈奴，李斯諫曰：「不可。夫匈奴無城郭之居，委積之守，遷徙鳥舉，難得而制。輕兵深入，糧食必絕；運糧以行，重不及事。得其地，不足以為利；得其民，不可調而守也。勝必棄之，非民父母。靡敝中國，甘心匈奴，非完計也。」秦皇帝不聽，遂使蒙恬將兵而攻胡，卻地千里，以河為境。地固澤鹵，不生五穀，然後發天下

〔註12〕 書同前，卷三十，平準書第八，頁 1421～1423。漢書卷二十四，食貨志第四下，所言略同。
〔註13〕 漢書卷二十四下，食貨志第四下，頁 1161。
〔註14〕 書同前，頁 1165。

丁男以守北河。暴兵露師十有餘年，死者不可勝數，終不能踰河而北。是豈人眾之不足，兵革之不備哉？其勢不可也。又使天下飛芻輓粟，起於黃、腄、琅邪負海之郡，轉輸北河，率三十鍾而致一石。男子疾耕不足於糧餉，女子紡績不足於帷幕。百姓靡敝，孤寡老弱不能相養，道死者相望，蓋天下始叛也。及至高皇帝定天下，略地於邊，聞匈奴聚代谷之外而欲擊之。御史成諫曰：「不可。夫匈奴，獸聚而鳥散，從之如搏景，今以陛下盛德攻匈奴，臣竊危之。」高帝不聽，遂至代谷，果有平城之圍。高帝悔之，乃使劉敬往結和親，然後天下亡干戈之事。故兵法曰：「興師十萬，日費千金。」秦常積眾數十萬人，雖有覆軍殺將，係虜單于，適足以結怨深讐，不足以償天下之費。夫匈奴行盜侵毆，所以為業，天性固然。上自虞夏殷周，固不程督，禽獸畜之，不比為人。夫不上觀虞夏殷周之統，而下循近世之失，此臣之所以大恐，百姓所疾苦也。〔註15〕

蓋主父偃深知勞師動眾，必致國庫空虛，百姓困苦，秦始皇之伐匈奴即是顯例。然而武帝未予接受，大事征伐，終致西漢末年經濟枯竭、社會不安、群盜蜂起。鹽鐵論未通篇有曰：

往昔未伐胡越之時，繇役省而民富足，溫衣飽食，藏新食陳，布帛充用，牛馬成群，農夫以馬耕載，而民莫不騎乘。當此之時，卻走馬以糞。其後師旅數發，戎馬不足，牸牝入陣，故駒犢生於戰地，六畜不育於家，五穀不殖於野。民不足以糟糠，何橘柚之所厭？傳曰：「大軍之後，累世不復」，方今郡國田野有隴而不墾，城郭有宇而不實，邊郡何饒之有乎？〔註16〕

至武帝晚年，亦感往昔大事征伐之非，頗有悔意。故乃令除租稅，勸農桑，以農為重。漢書食貨志上曰：

武帝末年悔征伐之事，乃封丞相為富民侯。下詔曰：「方今之務，在於力農。」〔註17〕

〔註15〕書同前，卷六十四上，嚴朱吾丘主父徐嚴終王賈傳第三十四上，頁 2799～2801。

〔註16〕桓寬撰，鹽鐵論卷三，未通第十五，頁 24，四部叢列初編，台灣商務書局印行。

〔註17〕漢書卷二十四上，食貨志第四上，頁 1138。

五、結　論

古來我國歷代帝王大事遠征後，其國運受不良影響者尤多，並不僅以西漢武帝爲然。諸如東漢和帝外戚竇憲之征伐北匈奴、隋煬帝之征伐高麗以及明成祖五次征伐塞北，均是勞師動眾之事，使國庫空虛、民生凋敝。

時東漢和帝，幼年嗣位，由竇太后聽政，外戚竇氏弄權，欲征伐北匈奴，雖經魯恭上疏曰：

> ……今邊境無事，宜當修仁行義，尚於無爲，令家給人足，安業樂產。……今匈奴爲鮮卑所殺，遠臧於史侯河西，去塞數千里，而欲乘其虛耗，利其微弱，是非義之所出也。前太僕祭彤遠出塞外，卒不見一胡而兵已困矣。白山之難，不絕如綖。都護陷沒，士卒死者如積，迄今被其辜毒。孤寡哀思之心未弭，仁者念之，以爲累息，奈何復欲襲其迹，不顧患難乎？〔註18〕

然而並未被接受，以致當竇憲、耿秉遠征後，東漢財經遂陷不振，政治亦窳敗，不可收拾。後漢書馮緄傳有曰：

> 時天下饑饉，帑藏虛盡，每出征伐，常減公卿奉祿，假王侯租賦，前後所遣將帥，宦官輒陷以折耗軍資，往往抵罪。（馮）緄性烈直，不行賄賂。〔註19〕

故東漢此次之征伐北匈奴，亦爲得不償失之事，且可做爲西漢武帝征伐匈奴後，國運大受影響之例證。即使明史之夏原吉傳亦有論及成祖征伐塞北後，國勢所受影響之情形，其曰：

> 比年師出無功，軍馬儲蓄十喪八九，災眚迭作，內外俱疲。〔註20〕

總之，論至此，吾人不應再被民族優越感所迷惑，不應再認爲往日好大喜功之帝王，其遠征乃是完全值得可歌可頌之事。吾人如能站在當時老百姓之立場，來感受每一場爭戰之結果與影響，必定怨嘆良多，並不因其勝利而有絲毫之喜悅，此亦是筆者對漢武帝征伐匈奴後，國運所受影響之另一看法。

（《中國邊政》第75期，民國70年9月）

〔註18〕後漢書卷二十五，卓魯魏劉列傳第十五，頁876～877。鼎文書局印行，民國66年9月初版。

〔註19〕書同前，卷三十八，張法滕馮度楊列傳第二十八，頁1283。

〔註20〕明史卷一百四十九，列傳第三十七，夏原吉，頁4153。鼎文書局印行，民國65年9月初版。

五、從《全唐詩》看唐代
外來文化之盛行

一、前　言

　　約在一年多以前，筆者看到黃麟書先生所撰「唐代詩人塞防思想」一書，引用全唐詩之處頗多，遂聯想到亦可從全唐詩來了解外來文化在唐國盛行之情形，乃從那時候開始，把有關之詩句自全唐詩中逐條記下，以做爲本文之參考。〔註1〕

　　觀之吾國文化史，尤其是在歷代中外文化互相融合之過程中，吾國常以傳統本位文化吸收、融合外來文化，故文化之內涵頗爲豐富，此種盛況，特以唐代時期爲最。蓋就漢代而言，雖然亦曾與外來文化有所交往，但是畢竟不及唐代深廣。至於元代，雖是在促進中西文化交流上有很大之貢獻，但是在吸收、融合外來文化之工作上，似乎做得不夠，積極與盡力，故其成效並

〔註1〕另外本文亦參考下列論著：
　　　　（一）唐代長安與西域文明　向達　燕京大學特刊第二號。
　　　　（二）中西交通史　方豪　中華文化出版事業委員會。
　　　　（三）中西文化交通小史　劉伯驥　正中書局印行。
　　　　（四）唐代留華外國人生活考述　謝海平　台灣商務印書館發行。
　　　　（五）隋唐時代西域人華化考　何健民　新文豐出版公司印行。
　　　　（六）唐代詩人塞防思想　黃麟書　香港九龍造陽文學社出版。
　　　　（七）唐代華化蕃胡考　馮承鈞　東方雜誌第二十七卷第七期。
　　　　（八）唐代商胡與珠寶　葉德祿　輔仁學誌十五卷一、二期。
　　　　（九）唐代起用外族人士的研究　邱添生　大陸雜誌三十八卷四期。
　　　　（十）唐代文化與外來文化　邱添生　師大學報第十六期。

不明顯，反而吸收了漢地之文化，且深受漢地文化之影響。〔註2〕

　　唐代皇室本源於漢胡之混血，又承北朝之遺風，無強烈之種族歧視心理，對於外族皆能平等視之，且不排斥外來文化，故當時外國人士來到中國者很多，其身份亦深入地遍及於唐國社會各階層，包括胡將、胡兵、信使、官差、胡奴、胡婢、樂工、舞人、胡僧、胡巫、胡商、胡姬等，使唐國之食、衣、住、行、婦女化粧、運動雜技、風俗習慣、天文曆法、宗教信仰、樂舞美術、醫藥科學等各方面，皆受到深刻之影響，孕育出具有濃厚國際色彩之唐代文化。而生於當代之文人雅士，對於此一文化情勢之演變，吾人相信必曾以其敏銳之觀察力、感受力，將之表現於詩文中，故吾人如就全唐詩加以深入探討，必可以了解外來文化在唐國盛行之情形，且對於唐代文化以及我中華民族文化之內容與演變，亦可以有比較正確之認識。

二、唐人眼中外來人士之容貌

　　唐時與中國有交往關係之國家很多，諸如高麗、新羅、百濟、日本、契丹、奚、靺鞨、渤海、室韋、大食、波斯、吐火羅、昭武九姓、拂菻、吐蕃、回紇、南詔、占城、眞臘、鐵勒、吐谷渾、薛延陀等，幾乎在唐地每一州縣均有機會看到這些國度之人種，故其具有特徵之容貌，尤其是來自西域各地之外國人士，其容貌特異於國人，更予以唐人深刻之印象。李白「上雲樂」述之甚爲仔細，其曰：

　　　　金天之西，白日所沒。唐老胡雛，生彼月窟。巉巖儀容，戌削風骨。

　　　　碧玉炅炅雙目瞳，黃金拳拳兩鬢紅。華蓋垂下睫，嵩嶽臨上脣。不
　　　　睹詭譎貌，豈知造化神。〔註3〕

岑參「胡笳歌送顏眞卿使赴河隴」曰：

　　　　君不聞胡笳聲最悲，紫髯綠眼胡人吹。〔註4〕

李端「胡騰兒」曰：

　　　　胡騰身是涼州兒，肌膚如玉鼻如錐。〔註5〕

李賀「龍夜吟」曰：

〔註2〕參閱拙作「論元朝初期之以漢治漢」，中國邊政七六期，民國70年12月出版。

〔註3〕清聖祖御製「全唐詩」卷二一相和歌辭，李白「上雲樂」，宏業書局印行，民國71年9月1日再版。

〔註4〕書同前，卷一九九，岑參「胡笳歌送顏眞卿使赴河隴」。

〔註5〕書同前，卷二八四，李端「胡騰兒」。

鬈髮胡人眼睛綠。〔註6〕

白居易「西涼伎」曰：

> 紫髯深目兩胡兒，鼓舞跳梁前致辭。〔註7〕

詩人之觀察力本是相當敏銳，故對外來人士臉形之描繪，遂很自然地躍然於紙上。由此亦可知當時外國人士旅居於唐地者確實很多，到處均可見及。

三、外來人士居住之城市

（一）長　安

長安為唐國都城，是一具有濃厚國際色彩之城市，故各種身份之外來人士均群集於此。當玄宗天寶年間，安史亂起，胡寇進逼長安時，擅長社會寫實之「詩聖」杜甫在「哀王孫」詩中曰：

> 長安城頭頭白鳥，夜飛延秋門上呼。又向人家啄大屋，屋底達官走避胡。〔註8〕

長安失陷後，杜甫「往在」曰：

> 往在西京日，胡來滿彤宮。中宵焚九廟，雲漢為之紅。〔註9〕

未久長安光復，外國援軍駐防城內，杜甫「洗兵馬」曰：

> 京師皆騎汗血馬，回紇餒肉葡萄宮。〔註10〕

唐時長安城內之各種行業均有外來人士參與其事，例如在酒肆中，常以胡姬招徠酒客。李白「少年行」三首之二曰：

> 五陵年少金市東，銀鞍白馬度春風。落花踏盡遊何處，笑入胡姬酒肆中。〔註11〕

又於「送裴十八圖南歸嵩山」曰：

> 何處可為別，長安青綺門。胡姬招素手，延客醉金樽。〔註12〕

楊巨源「胡姬詞」則曰：

> 妍麗照江頭，春風好客留。當壚知妾慣，送酒為郎羞。〔註13〕

〔註 6〕書同前，卷三九四，李賀「龍夜吟」。
〔註 7〕書同前，卷四二七，白居易「西涼伎」。
〔註 8〕書同前，卷二一六，杜甫「哀王孫」。
〔註 9〕書同前，卷二二二，杜甫「往在」。
〔註10〕書同前，卷二一七，杜甫「洗兵馬」。
〔註11〕書同前，卷二四雜曲歌辭，李白「少年行」三首之二。
〔註12〕書同前，卷一七六，李白「送裴十八圖南歸嵩山」。
〔註13〕書同前，卷三三三，楊巨源「胡姬詞」。

另有許多外來僧人寄居於長安城中。白居易「秋日懷杓直」有曰：

> 晚來天色好，獨出江邊步。憶與李舍人，曲江相近住。常云遇清景，
> 必約同幽趣。若不訪我來，還須覓君去。開眉笑相見，把手期何處。
> 西寺老胡僧，南國亂松樹。……今日郡齋中，秋光誰共度。〔註14〕

長安城內外來人士既如是之多，故陳鴻祖「東城老父傳」記唐憲宗元和
中葉事，曰：

> 今北胡與京師雜處，娶妻生子，長安中少年有胡心矣。〔註15〕

由此顯見唐時外來人士在長安勢力之盛。

（二）洛　陽

洛陽為唐時東都，繁榮景象不亞於長安，外來人士居於此地者頗多。馮
著「洛陽道」述及安史亂作，洛陽失陷，胡人群集而至之情形，曰：

> 洛陽宮中花柳春，洛陽道上無行人。皮裘氈帳不相識，萬戶千門閉
> 春色。春色深，春色深，君王一去何時尋。春雨灑，春雨灑，周南
> 一望堪淚下，蓬萊殿中寢胡人，鵁鶄樓前放胡馬。聞君欲行西入秦，
> 君行不用過天津。天津橋上多胡塵，洛陽道上愁殺人。〔註16〕

王建「涼州行」亦述及洛陽受胡風影響之情形，曰：

> 城頭山雞鳴角角，洛陽家家學胡樂。〔註17〕

（三）其他州縣

唐代外來人士所居之地，除長安、洛陽二都之外，散居於其他各地者亦
多。例如李白「幽州胡馬客歌」曰：

> 幽州胡馬客，綠眼虎皮冠。〔註18〕

崔顥「雁門胡人歌」曰：

> 高山代郡東接燕，雁門胡人家近邊。解放胡鷹逐塞鳥，能將代馬獵
> 秋田。〔註19〕

高適「薊門行」曰：

〔註14〕書同前，卷四三〇，白居易「秋日懷杓直」。
〔註15〕唐代叢書卷十二，東城老父傳，頁12。
〔註16〕清聖祖御製「全唐詩」卷二一五，馮著「洛陽道」。
〔註17〕書同前，卷二九八，王建「涼州行」。
〔註18〕書同前，卷一八橫吹曲辭，李白「幽州胡馬客歌」。
〔註19〕書同前，卷一三〇，崔顥「雁門胡人歌」。

漢家能用武，開拓窮異域。戍卒厭糠覈，降胡飽衣食。關亭試一望，
吾欲淚沾臆。〔註20〕

高適「睢陽酬別暢大判官」亦曰：

言及沙漠事，益令胡馬驕。……降胡滿薊門，一一能射雕。〔註21〕

高適「營州歌」則述及營州之胡兒，曰：

營州少年厭原野，狐裘蒙茸獵城下。虜酒千鍾不醉人，胡兒十歲能
騎馬。〔註22〕

王建「汴路即事」述及汴州之外國商人曰：

千里何煙直，青槐夾岸長。天涯同此路，人語各殊方。草方迎江貨，
津橋稅海商，迴看故宮柳，憔悴不成行。〔註23〕

張籍「隴頭」述及涼州胡人曰：

隴頭已斷人不行，胡騎夜入涼州城。漢家處處格鬥死，一朝盡沒隴
西地。驅我邊人胡中去，散放牛羊食禾黍。去年中國養子孫，今著
氈裘學胡語，誰能更使李輕車，收取涼州屬漢家。〔註24〕

耿偉「涼州詞」曰：

國使翩翩隨旆旌，隴西岐路足荒城。氈裘牧馬胡雛小，日暮蕃歌三
兩聲。〔註25〕

岑參「涼州館中與諸判官夜集」曰：

涼州七里十萬家，胡人半解彈琵琶。〔註26〕

王建「涼州行」曰：

涼州四邊沙皓皓，漢家無人開舊道。邊頭州縣盡胡兵，將軍別築防
秋城。萬里人家皆已沒，年年旌節發西京。多來中國收婦女，一半
生男為漢語。蕃人舊日不耕犁，相學如今種禾黍。驅羊亦著錦為
衣，為惜氈裘防鬥時。養蠶繰繭成匹帛，那堪繞帳作旌旗。城頭山
雞鳴角角，洛陽家家學胡樂。〔註27〕

〔註20〕 書同前，卷二一一，高適「薊門行」。
〔註21〕 書同前，卷二一二，高適「睢陽酬別暢大判官」。
〔註22〕 書同前，卷二一四，高適「營州歌」。
〔註23〕 書同前，卷二九九，王建「汴路即事」。
〔註24〕 書同前，卷一八橫吹曲辭，張籍「隴頭」。
〔註25〕 書同前，卷二七雜曲歌辭，耿湋「涼州詞」。
〔註26〕 書同前，卷一九九，岑參「涼州館中與諸判官夜集」。
〔註27〕 同註17。

李白「猛虎行」述及昇州溧陽之胡人曰：

　　秦人半作燕地囚，胡馬翻銜洛陽草。……有策不敢犯龍鱗，竄身南國避胡塵。……溧陽酒樓三月春，楊花漠漠愁殺人，胡人綠眼吹玉笛，吳歌白紵飛梁塵。〔註28〕

岑參「太白胡僧歌」述及鳳翔府之胡僧曰：

　　聞有胡僧在太白，蘭若去天三百尺。一持楞伽入中峯，世人難見但聞鐘。〔註29〕

岑參「酒泉太守席上醉後作」述及肅州胡雛曰：

　　琵琶長笛曲相和，羌兒胡雛齊唱歌。渾炙犂牛烹野駝，交河美酒歸叵羅。三更醉後軍中寢，無奈秦山歸夢何。〔註30〕

高適「和王七玉門關聽吹笛」述及沙州之胡人曰：

　　胡人吹笛戍樓間，樓上蕭條海月閒。借問落梅凡幾曲，從風一夜滿關山。〔註31〕

杜甫「送重表姪王砅評事使南海」述及廣州之胡船曰：

　　番禺親賢領，籌運神功操。大夫出盧宋，寶貝休脂膏。主降接武，海胡舶千艘。〔註32〕

杜甫「解悶」述及揚州之商胡曰：

　　商胡離別下揚州，憶上西陵胡驛樓。爲問淮南米貴賤，老夫乘興欲東流。〔註33〕

杜甫「清明」二首之一述及潭州之胡童曰：

　　胡童結束還難有，楚女腰肢亦可憐。〔註34〕

李益「登夏州城觀送行人賦得六州胡兒歌」述及夏州胡兒曰：

　　六州胡兒六蕃語，十歲騎羊逐沙鼠。……胡兒起作和蕃歌，齊唱鳴鳴盡垂手。心知舊國西州遠，西向胡天望鄉久。回頭忽作異方聲，一聲回盡征人首。蕃音虜曲一難分，似說邊情向塞雲。〔註35〕

〔註28〕書同前，卷一九相和歌辭，李白「猛虎行」。
〔註29〕書同前，卷一九九，岑參「太白胡僧歌」。
〔註30〕書同前，卷一九九，岑參「酒泉太守席上醉後作」。
〔註31〕書同前，卷二一四，高適「和王七玉門關聽吹笛」。
〔註32〕書同前，卷二二三，杜甫「送重表姪王砅評事使南海」。
〔註33〕書同前，卷二三〇，杜甫「解悶」。
〔註34〕書同前，二三三，杜甫「清明」二首之一。
〔註35〕書同前，卷二八二，李益「登夏州城觀送行人賦得六州胡兒歌」。

李益又作「鹽州過胡兒飲馬泉」述及豐州之胡兒曰：

綠楊著水草如煙，舊是胡兒飲馬泉。〔註36〕

劉禹錫「馬嵬行」述及京兆府之賈胡曰：

不見巖畔人，空見凌波襪。郵童愛踪跡，私手解盤結。傳看千萬眼，縷絕香不歇。指環照骨明，首飾敵連城。將入咸陽市，猶得賈胡驚。

〔註37〕

司空曙「贈衡岳隱禪師」述及衡州衡山天竺僧曰：

擁褐安居南岳頭，白雲高寺見衡州。……講席舊逢山鳥至，梵經初向竺僧求。〔註38〕

張籍「贈海東僧」述及台州天台山新羅僧曰：

別家行萬里，自說過扶餘。學得中州語，能爲外國書。與醫收海藻，持咒取龍魚。更問同來伴，天台幾處居。〔註39〕

楊虁「送日東僧遊天台」亦述及新羅僧曰：

一瓶離日外，行指赤城中。去自重雲下，來從積水東。攀蘿躋石徑，挂錫憩松風。迴首雞林道，唯應夢想通。〔註40〕

由以上諸所引觀之，唐代之外來人士確實幾乎遍及於全國各地，且參與各行各業，故唐國之社會生活深受其影響，遂成爲必然之趨勢。茲舉數種行業予以論述之。

四、外來人士與唐代之娛樂業

唐時之外來人士從事歌舞、雜耍、俳優者很多，故全唐詩中述及此些景象者亦不少。例如李頎「聽安萬善吹觱篥歌」曰：

南山截竹爲觱篥，此樂本自龜茲出。流傳漢地曲轉奇，涼州胡人爲我吹。〔註41〕

岑參「白雪歌送武判官歸京」曰：

〔註36〕書同前，卷二八三，李益「鹽州過胡兒飲馬泉」。
〔註37〕書同前，卷三五四，劉禹錫「馬嵬行」。
〔註38〕書同前，卷二九二，司空曙「贈衡岳隱禪師」。
〔註39〕書同前，卷三八四，張籍「贈海東僧」。
〔註40〕書同前，卷七六三，楊虁「送日東僧遊天台」。
〔註41〕書同前，卷一三三，李頎「聽安萬善吹觱篥歌」。

中軍置酒飲歸客，胡琴琵琶與羌笛。〔註42〕

岑參「胡笳歌送顏眞卿使赴河隴」曰：

　　君不聞胡笳聲最悲，紫髯綠眼胡人吹。吹之一曲猶未了，愁殺樓蘭
　　征戍兒。涼秋八月蕭關道，北風吹斷天山草。崑崙山南月欲斜，胡
　　人向月吹胡笳。胡笳怨兮將送君，秦山遙望隴山雲。邊城夜夜多愁
　　夢，向月胡笳誰喜聞。〔註43〕

岑參「涼州館中與諸判官夜集」曰：

　　涼州七里十萬家，胡人半解彈琵琶。琵琶一曲腸堪斷，風蕭蕭兮夜
　　漫漫。〔註44〕

岑參「酒泉太守席上醉後作」曰：

　　琵琶長笛曲相和，羌兒胡雛齊唱歌。〔註45〕

王建「涼州行」曰：

　　城頭山雞鳴角角，洛陽家家學胡樂。〔註46〕

白居易「聽曹綱琵琶兼示重蓮」曰：

　　撥撥弦弦意不同，胡啼蕃語兩玲瓏。誰能截得曹剛手，插向重蓮衣
　　袖中。〔註47〕

　　凡此皆爲胡樂、胡曲傳入唐地之舉例，而述及胡舞者，在全唐詩中述之
尤多。例如詠由石國傳來之柘枝舞者，有劉禹錫「觀柘枝舞」二首曰：

　　胡服何葳蕤，僊僊登綺墀。神飆獵紅蕖，龍燭映金枝。垂帶覆纖腰，
　　安鈿當嫵眉。翹袖中繁鼓，傾眸逊華棟。燕秦有舊曲，淮南多冶詞。
　　欲見傾城處，君看赴節時。

　　山雞臨清鏡，石燕赴遙津。何如上客會，長袖入華裀。體輕似無骨，
　　觀者皆聳神。曲盡回身處，層波猶注人。〔註48〕

劉禹錫「和樂天柘枝」亦曰：

　　柘枝本出楚王家，玉面添嬌舞態奢。鬆鬢改梳鸞鳳髻，新衫別織鬥

〔註42〕書同前，卷一九九，岑參「白雪歌送武判官歸京」。
〔註43〕同註4。
〔註44〕書同前，卷一九九，岑參「涼州館中與諸判官夜集」。
〔註45〕同註30。
〔註46〕同註17。
〔註47〕書同前，卷四四九，白居易「聽曹綱琵琶兼示重蓮」。
〔註48〕書同前，卷三五四，劉禹錫「觀柘枝舞」二首。

雞紗。鼓催殘拍腰身軟，汗透羅衣雨點花。畫筵曲罷辭歸去，便隨
王母上煙霞。〔註49〕

白居易「看常州柘枝贈賈使君」曰：

莫惜新衣舞柘枝，也從塵污汗霑垂。料君即欲歸朝去，不見銀泥衫
故時。〔註50〕

白居易「柘枝妓」曰：

平鋪一合錦筵開，連擊三聲畫鼓催。紅蠟燭移桃葉起，紫羅衫動柘
枝來。帶垂鈿胯花腰重，帽轉金鈴雪面迴。看即曲終留不住，雲飄
雨送向陽臺。〔註51〕

白居易「柘枝詞」曰：

柳闇長廊合，花深小院開。蒼頭鋪錦褥，皓腕捧銀杯。繡帽珠稠綴，
香衫袖窄裁。將軍拄毬杖，看按柘枝來。〔註52〕

殷堯藩「潭州席上贈舞柘枝妓」曰：

姑蘇太守青娥女，流落長沙舞柘枝。坐滿繡衣皆不識，可憐紅臉淚
雙垂。〔註53〕

張祜「觀杭州柘枝」曰：

舞停歌罷鼓連催，軟骨仙娥暫起來。紅罨畫衫纏腕出，碧排方胯背
腰來。旁收拍拍金鈴擺，卻踏聲聲錦䩞搖。看著遍頭香袖褶，粉屏
香帕又重隈。〔註54〕

張祜「周員外席上觀柘枝」曰：

畫鼓拖環錦臂攘，小娥雙換舞衣裳。金絲蹙霧紅衫薄，銀蔓垂花紫
帶長。鷰影乍迴頭並舉，鳳聲初歇翅齊張。一時欺腕招殘拍，斜斂
輕身拜玉郎。〔註55〕

張祜「觀楊瑗柘枝」曰：

促疊蠻鼉引柘枝，卷簷虛帽帶交垂。紫羅衫宛蹲身處，紅錦靴柔踏

〔註49〕書同前，卷三六〇，劉禹錫「和樂天柘枝」。
〔註50〕書同前，卷四四六，白居易「看常州柘枝贈賈使君」。
〔註51〕書同前，卷四四六，白居易「柘枝妓」。
〔註52〕書同前，卷四四八，白居易「柘枝詞」。
〔註53〕書同前，卷四九二，殷堯藩「潭州席上贈舞柘枝妓」。
〔註54〕書同前，卷五一一，張祜「觀杭州柘枝」。
〔註55〕書同前，卷五一一，張祜「周員外席上觀柘枝」。

節時。微動翠蛾拋舊態，緩遮檀口唱新詞。看看舞罷輕雲起，卻赴
襄王夢裏期。〔註56〕

張祐「感王將軍柘枝歿」曰：

寂莫春風舊柘枝，舞人休唱曲休吹。鴛鴦鈿帶拋何處，孔雀羅衫付
阿誰。畫鼓不聞招節拍，錦靴空想挫腰肢。今來座上偏惆悵，曾是
堂前教徹時。〔註57〕

張祐「李家柘枝」曰：

紅鉛拂臉細腰人，金繡羅衫軟著身。長恐舞時殘拍盡，卻思雲雨更
無因。〔註58〕

另有胡騰舞者，李端「胡騰兒」述之曰：

胡騰身是涼州兒，肌膚如玉鼻如錐。桐布輕衫前後卷，葡萄長帶一
邊垂。帳前跪作本音語，拾襟攬袖爲君舞。安西舊牧收淚看，洛下
詞人抄曲與。揚眉動目踏花氈，紅汗交流珠帽偏。醉卻東傾又西倒，
雙靴柔弱滿燈前。環行急蹴皆應節，反手叉腰如卻月。絲桐忽奏一
曲終，嗚嗚畫角城頭發。胡騰兒，胡騰兒，故鄉路斷知不知。〔註59〕

劉言史「王中丞宅夜觀舞胡騰」曰：

石國胡兒人見少，蹲舞尊前急如鳥。織成蕃帽虛頂尖，細氈胡衫雙
袖小。手中拋下蒲萄盞，西顧忽思鄉路遠。跳身轉轂寶帶鳴，弄腳
繽紛錦靴軟。四座無言皆瞪目，橫笛琵琶偏頭促。亂騰新毯雪朱毛，
傍拂輕花下紅燭。酒闌舞罷絲管絕，木槿花西見殘月。〔註60〕

亦有胡旋者，元稹「胡旋女」曰：

天寶欲末胡欲亂，胡人獻女能胡旋。旋得明王不覺迷，妖胡奄到長
生殿。胡旋之義世莫知，胡旋之容我能傳。蓬斷霜根羊角疾，竿戴
朱盤火輪炫。驪珠迸珥逐飛星，虹暈輕巾掣流電。潛鯨暗喻笡波海，
回風亂舞當空霰。……寄言旋目與旋心，有國有家當共譴。〔註61〕

白居易「胡旋女」亦曰：

〔註56〕 書同前，卷五一一，張祐「觀楊瑗柘枝」。
〔註57〕 書同前，卷五一一，張祐「感王將軍柘枝歿」。
〔註58〕 書同前，卷五一一，張祐「李家柘枝」。
〔註59〕 書同前，卷二八四，李端「胡騰兒」。
〔註60〕 書同前，卷四六八，劉言史「王中丞宅夜觀舞胡騰」。
〔註61〕 書同前，卷四一九，元稹「胡旋女」。

胡旋女，胡旋女，知心應弦，手應鼓，弦鼓一聲雙袖舉，迴雪飄颻
轉蓬舞，左旋右轉不疲，千匝萬周無已時，人間物類無可比，奔車
輪緩旋風遲，曲終再拜謝天子，天子爲之微啓齒。〔註62〕

岑參「田使君美人舞如蓮花北鋌歌」曰：

美人舞如蓮花旋，世人有眼應未見。高堂滿地紅氍毹，試舞一曲天
下無。此曲胡人傳入漢，諸客見之驚且歎。慢臉嬌娥纖復穠，輕羅
金縷花蔥蘢。回裾轉袖若飛雪，左鋌右鋌生旋風。琵琶橫笛和未匝，
花門山頭黃雲合。忽作出塞入塞聲，白草胡沙寒颯颯。翻身入破如
有神，前見後見回回新。始知諸曲不可比，采蓮落梅徒聒耳。世人
學舞祇是舞，恣態豈能得如此。〔註63〕

另有其他由外來人士傳入之舞蹈，唐代詩人亦多所描述，諸如李白「上
雲樂」詠「師子舞」曰：

考胡感至德，東來進仙倡。五色師子、九苞鳳凰，是老胡雞犬，鳴
舞飛帝鄉，淋漓颯沓，進退成行。〔註64〕

白居易「西涼伎」亦曰：

西涼伎，假面胡人假獅子，刻木爲頭絲作尾，金鍍眼睛銀帖齒，奮
迅毛衣擺雙耳，如從流沙來萬里，紫髯深目兩胡兒，鼓舞跳梁前致
辭，應似涼州未陷日。須臾云得新消息，安西路絕歸不得，泣向獅
子涕雙垂，涼州陷沒知不知，獅子回頭向西望，哀吼一聲觀者悲。

〔註65〕

杜甫「秦州雜詩」二十首之三記白題舞曰：

州圖領同谷，驛道出流沙。降虜兼千帳，居人有萬象。馬驕珠汗落，
胡舞白蹄（一作題）斜。（原註：白題國，以白堊其首，舞則頭偏，
故云）年少臨洮子，西來亦自誇。〔註66〕

李白「高句驪」亦記高麗舞曰：

金花折風帽，白馬小遲回。翩翩舞廣袖，似鳥海東來。〔註67〕

〔註62〕書同前，卷四二六，白居易「胡旋女」。
〔註63〕書同前，卷一九九，岑參「田使君美人舞如蓮花北鋌歌」。
〔註64〕同註3。
〔註65〕同註7。
〔註66〕書同前，卷二二五，杜甫「秦州雜詩」二十首之三。
〔註67〕書同前，卷一六五，李白「高句驪」。

五、外來人士與唐代之飲食業

胡餅在唐代已成普遍之食物，即今日之燒餅，白居易「寄胡餅與楊萬州」曰：

胡麻餅樣學京都，麵脆油香新出爐。〔註68〕

唐時外來人士，無論男女，在中國從事酒店業者不少，而唐代詩人雅士好酒者亦多〔註69〕，故有關此景象之描述屢見於全唐詩中。例如王績「過酒家」五首之五曰：

有客須教飲，無錢可別沽。來時長道貰，慚愧酒家胡。〔註70〕

王維「過崔駙馬山池」曰：

畫樓吹笛妓，金腕酒家胡。〔註71〕

元稹「酬孝甫兄贈十首之三」曰：

十歲荒狂任博徒，接莎五木擲梟盧。野詩良輔偏憐假，長借金鞍迂酒胡。〔註72〕

「贈崔元儒」亦曰：

殷勤夏口阮元瑜，二十年前舊飲徒。最愛輕欺杏園客，也曾辜負酒家胡。〔註73〕

外來人士所設之酒家中，亦多有胡姬者，李白「醉後贈王歷陽」曰：

書禿千兔毫，詩裁兩牛腰。筆縱起龍虎，舞袖拂雲霄。雙歌二胡姬，更奏遠清朝。舉酒挑朔雪，從君不相饒。〔註74〕

〔註68〕書同前，卷四四一，白居易「寄胡餅與楊萬州」。

〔註69〕古來我國歷代詩人好飲酒者尤多，因為藉酒可將內心之感受全部抒發出來，而引起別人之共鳴，故全唐詩存有許多有關飲酒之詩句，茲舉數首如下：全唐詩卷二一六杜甫「飲中八仙酒」嘗述及李白曰：
李白一斗詩百篇，長安市上酒家眠。天子呼來不上船，自稱臣是酒中仙。
全唐詩卷二一六杜甫「醉時歌贈鄭虔」則自曰：
得錢即相覓，沽酒不復疑。忘形到爾汝，痛飲真吾師。清夜沈沈動春酌，燈前細雨簷花落。但覺高歌有鬼神，焉知餓死填溝壑？
全唐詩卷四五二白居易「北窗三友」曰：
琴罷輒舉酒，酒罷輒吟詩，三友遞相引，循環無已時。

〔註70〕書同前，卷三七，王績「過酒家」。

〔註71〕書同前，卷一二六，王維「過崔駙馬山池」。

〔註72〕書同前，卷四一三，元稹「酬孝甫兄贈」十首之三。

〔註73〕書同前，卷四一四，元稹「贈崔元儒」。

〔註74〕書同前，卷一七一，李白「醉後贈王歷陽」。

李白「白鼻騧」曰：

　　銀鞍白鼻騧，綠地障泥錦。細雨春風花落時，揮鞭且就胡姬飲。

　　　　　〔註75〕

張祜「白鼻騧」亦曰：

　　爲底胡姬酒，長來白鼻騧。摘蓮拋水上，郎意在浮花。〔註76〕

李白「少年行」曰：

　　五陵年少金市東，銀鞍白馬度春風。落花踏盡遊何處，笑入胡姬酒
　　肆中。〔註77〕

「送裴十八圖南歸嵩山」曰：

　　何處可爲別，長安青綺門。胡姬招素手，延客醉金樽。〔註78〕

「前有一樽酒行」曰：

　　琴奏龍門之綠桐，玉壺美酒清若空。催弦拂柱與君飲，看朱成碧顏
　　始紅。胡姬貌若花，當壚笑春風。笑春風，舞羅衣。君今不醉將安
　　歸？〔註79〕

賀朝「贈酒店胡姬」曰：

　　胡姬春酒店，弦管夜鏘鏘。紅毯鋪新月，貂裘坐薄霜。玉盤初膾鯉，
　　金鼎正烹羊。上客無勞散，聽歌樂世娘。〔註80〕

岑參「送宇文南金放後歸太原寓居，因呈太原郝主簿」曰：

　　送君繫馬青門口，胡姬壚頭勸君酒。爲問太原賢主人，春來更有新
　　詩否？〔註81〕

岑參「青門歌送東臺張判官」曰：

　　胡姬酒壚日未午，絲繩玉缸酒如乳。〔註82〕

楊巨源：「胡姬詞」曰：

　　妍艷照江頭，春風好客留。當壚知妾慣，送酒爲郎羞。香渡傳蕉扇，

〔註75〕書同前，卷十八橫吹曲辭，李白「白鼻騧」。
〔註76〕書同前，卷五〇二，張祜「白鼻騧」。
〔註77〕同註11。
〔註78〕同註12。
〔註79〕書同前，卷一六二，李白「前有一樽酒行」。
〔註80〕書同前，卷一一七，賀朝「贈酒店胡姬」。
〔註81〕書同前，卷一九九，岑參「送宇文南金放後歸太原寓居，因呈太原郝主簿」。
〔註82〕書同前，卷一九九，岑參「青門歌送東臺張判官」。

妝成上竹樓。數錢憐皓腕，非是不能留。〔註83〕

施肩吾「戲鄭由府」曰：

年少鄭郎那解愁，春來閒臥酒家樓。胡姬若擬邀他宿，挂卻金鞭繫紫騮。〔註84〕

溫庭筠「贈袁司錄」曰：

一朝辭滿有心期，花發揚園雪壓枝。劉尹故人諳往事，謝郎諸弟得新知。金釵醉就胡姬畫，玉管閒留洛客吹。記得襄陽耆舊語，不堪風景峴山碑。〔註85〕

唐人當時常飲胡酒——即葡萄酒，尤其在胡姬酒肆中，以出售此種酒爲主，而各屬國來獻，亦多攜有葡萄酒。鮑防「雜感」曰：

漢家海內承平久，萬國戎王皆稽首。天馬常銜苜蓿花，胡人歲獻葡萄酒。〔註86〕

白居易「寄獻北都留守裴令公」曰：

羌管吹楊柳，燕姬酌蒲萄。〔註87〕

貫休「塞上曲」二首之一亦曰：

錦裯胡兒黑如漆，騎羊上冰如箭疾。蒲萄酒白雕臘紅，苜蓿根甜沙鼠出。〔註88〕

王翰「涼州詞」曰：

葡萄美酒夜光杯，欲飲琵琶馬上催。醉臥沙場君莫笑，古來征戰幾人回。〔註89〕

唐人飲酒之風，不僅深受外來人士之影響，且其酒具亦有採用胡式者，謂之「酒胡子」。徐夤「酒胡子」曰：

紅筵絲竹合，用爾作歡娛。直指寧偏黨，無私絕覬覦。當歌誰擺袖，應節漸輕軀。恰與眞相似，氈裘滿頷鬚。〔註90〕

〔註83〕書同前，卷三三三，楊巨源「胡姬詞」。
〔註84〕書同前，卷四九四，施肩吾「戲鄭由府」。
〔註85〕書同前，卷五七八，溫庭筠「贈袁司錄」。
〔註86〕書同前，卷三〇七，鮑防「雜感」。
〔註87〕書同前，卷四五七，白居易「寄獻北都留守裴令公」。
〔註88〕書同前，卷八二七，貫休「塞上曲」二首之一。
〔註89〕書同前，卷一五六，王翰「涼州詞」。
〔註90〕書同前，卷七〇八，徐夤「酒胡子」。

六、外來之奴僕

唐代外來人士擔任奴僕者頗多，其身份除俘虜外，亦有被販賣而至者，其中以崑崙奴為最多。〔註91〕張籍「崑崙兒」曰：

> 崑崙家住海中州，蠻客將來漢地遊。言語解教秦吉了，波濤初過鬱林洲。金環欲落曾穿耳，螺髻長卷不裹頭。自愛肌膚黑如漆，行時半脫木棉裘。〔註92〕

此些崑崙奴亦有為船上之奴工者，謂之「海奴」。杜荀鶴「贈友人罷舉赴交阯辟命」曰：

> 罷卻名場擬入秦，南行無罪似流人。縱經商嶺非馳驛，須過長沙弔逐臣。舶載海奴鑲唾耳，象駝蠻女綵纏身。如何待取丹霄桂，別赴嘉招作上賓。〔註93〕

胡人善治牧牛馬，故高適「同鮮于洛陽於畢員外宅觀畫馬歌」曰：

> 知君愛鳴琴，仍好千里馬。永日恒思單父中，有時心到宛城下。遇客丹青天下才，白生胡雛控龍媒。主人娛賓畫障開，只言騏驥西極來。〔註94〕

岑參「衛節度赤驃馬歌」曰：

> 君家赤驃畫不得，……自矜諸馬皆不及，……紫髯胡雛金剪刀，平明剪出三鬣高。〔註95〕

胡奴每日之工作繁多，例如丁仙芝「戲贈姚侍御」曰：

> 繁霜曉幕鳴栢烏，待子歊炭然金爐。重門啟鎖紫髯胡，新披驄馬隴西駒。〔註96〕

甚至亦有未成年之胡奴，韓翃「別李明府」曰：

> 胡兒夾鼓越婢隨，行捧玉盤嘗荔枝。〔註97〕

于鵠「送唐大夫讓節歸山」曰：

〔註91〕參閱張星烺撰「唐時非洲黑奴入中國考」，中西交通史料彙編第三冊，頁48～84，世界書局印行，民國58年8月再版。

〔註92〕清聖祖御製「全唐詩」卷三八五，張籍「崑崙兒」。

〔註93〕書同前，卷六九二，杜荀鶴「贈友人罷舉赴交阯辟命」。

〔註94〕書同前，卷二一三，高適「同鮮于洛陽於畢員外宅觀畫馬歌」。

〔註95〕書同前，卷一九九，岑參「衛節度赤驃馬歌」。

〔註96〕書同前，卷一一四，丁仙芝「戲贈姚侍御」。

〔註97〕書同前，卷二四三，韓翃「別李明府」。

年老功成乞罷兵，玉階匍匐進雙旌。朱門駕瓦為仙觀，白領狐裘出帝城。侍女休梳宮樣髻，蕃童新改道家名。到時浸髮春泉裏，猶夢紅樓簫管聲。〔註98〕

杜甫旅居劍南時，曾畜有獠奴，在「示獠奴阿段」曰：

山木蒼蒼落日曛，竹竿裊裊細泉分。郡人入夜爭餘瀝，豎子尋源獨不聞。病渴三更迴白首，傳聞一注濕青雲。曾驚陶侃胡奴異，怪爾常穿虎豹群。〔註99〕

七、外來人士與唐代之商業

唐代國勢強盛，疆士廣大，聲威遠播，交通亦很發達，故外來人士至中國經商者尤多，全唐詩有記錄者亦多。包佶「抱淚謝李吏部贈訶黎勒葉」曰：

一葉生西徼，齎來上海查。歲時經水府，根本別天涯。方士真難見，商胡輒自誇。此香同異域，看色勝仙家。〔註100〕

杜甫「送重表姪王泍評事使南海」曰：

番禺親賢領，籌運神功操。大夫出盧宋，寶貝休脂膏。洞主降接武，海胡舶千艘。〔註101〕

韓愈「送僧澄觀」曰：

越商胡賈脫身罪，珪璧滿船寧計資。〔註102〕

劉禹錫「馬嵬行」曰：

不見嚴畔人，空見凌波襪。郵童愛踪跡，私手解鞶結。傳看千萬眼，縷絕香不歇。指環照骨明，首飾敵連城。將入咸陽市，猶得賈胡驚。

〔註103〕

王建「汴路即事」曰：

千里何煙直，青槐夾岸長。天涯同此路，人語各殊方。草方迎江貨，津橋稅海商。迴看故宮柳，憔悴不成行。〔註104〕

〔註98〕書同前，卷三一○，于鵠「送唐大夫讓節歸山」。
〔註99〕書同前，卷二二九，杜甫「示獠奴阿段」。
〔註100〕書同前，卷二○五，包佶「把疾謝李吏部贈訶黎勒葉」。
〔註101〕同註32。
〔註102〕書同前，卷三四二，韓愈「送僧澄觀」。
〔註103〕同註37。
〔註104〕同註23。

唐代來華之商胡有賣香料及藥材者，其中以廣州最爲繁榮。杜甫「送段功曹歸廣州」曰：

> 南海春天外，功曹幾月程。峽雲籠樹小，湖日落船明。交阯丹砂重，韶州白葛輕。幸君因旅客，時寄錦官城。〔註105〕

王建「送鄭權尚書南海」曰：

> 七郡雙旌貴，人皆不憶迴。戍頭龍腦舖，關口象牙堆。敕設薰鑪出，蠻辭咒節開。市喧山賊破，金賤海船來。〔註106〕

當時胡商既來中國從商，往往多一面搜購寶物，一面在中國各地遊歷觀光。杜甫「解悶」曰：

> 商胡離別下揚州，憶上西陵故驛樓。爲問淮南米貴賤，老夫乘興欲東流。〔註107〕

故外來人士見識廣博，杜甫「海椶行」曰：

> 左綿公館清江濆，海椶一株高入雲。……移栽北辰不可得，時有西域胡僧識。〔註108〕

胡商既善經商，故多富有。殷堯藩「寄嶺南張明甫」曰：

> 瘴雨出虹蜺，蠻烟渡江急。嘗聞島夷俗，犀象滿城邑。〔註109〕

賈島「送人南遊」曰：

> 此別天涯遠，孤舟泛海中。夜行常認火，帆去每因風。蠻國人多富，炎方語不多。雁飛難度嶺，書信若爲通。〔註110〕

而唐人亦多認爲胡商至華，必身懷寶物來。張籍「送海南客歸舊島」曰：

> 海上去應遠，蠻家雲島孤。竹船來桂浦，山市賣魚鬚。入國自獻寶，逢人多贈珠。卻歸春洞口，斬象祭天吳。〔註111〕

元稹「和樂天送客遊嶺南二十韻」中有「舶主腰藏寶」一句，其原注曰：

> 南方呼波斯爲舶主。胡人異寶，多自懷藏，心避強丐。〔註112〕

包何「送泉州李使君之任」曰：

〔註105〕書同前，卷二二七，杜甫「送段功曹歸廣州」。
〔註106〕書同前，卷二九九，王建「送鄭權尚書南海」。
〔註107〕同註33。
〔註108〕書同前，卷二二〇，杜甫「海椶行」。
〔註109〕書同前，卷四九二，殷堯藩「寄嶺南張明甫」。
〔註110〕書同前，卷五七四，賈島「送人南遊」。
〔註111〕書同前，卷三八四，張籍「送海南客歸舊島」。
〔註112〕書同前，卷四〇八，元稹「和樂天送客遊嶺南二十韻」。

傍海皆荒服，分符重漢臣。雲山有越路，市井十洲人。執玉來朝遠，
隨珠入貢頻。連年不見雪，到處即行春。〔註113〕

無名氏「天竺國胡僧水晶念珠」曰：

天竺胡僧踏雲立，紅精素貫鮫人泣。細影疑隨焰火銷，圓光恐滴袈
裟濕。夜梵西天千佛聲，指輪次第驅寒星。若非葉下滴秋靈，則是
井底圓春冰。〔註114〕

另外，胡商對寶物之鑑別亦特別擅長，楊憑「贈寶牟」曰：

直用天才眾卻瞋，應欺李杜久爲塵。南荒不死中華老，別玉翻同西
國人。〔註115〕

崔融「詠寶劍」曰：

寶劍出昆吾，龜龍夾采珠。五精初獻術，千戶競淪都。匣氣衝牛斗，
山形轉轆轤。欲知天下貴，特此問風胡。〔註116〕

八、唐代之外來宗教

唐代外來之宗教很多，幾乎當時世界上之重要宗教，均聚集於唐地，諸
如佛教、景教、祆教、摩尼教、回教等，故影響於唐國之社會相當深遠。茲
僅舉佛教與景教爲例。

（一）佛　教

佛教之傳入中國，始於西漢哀帝時，至東漢明帝已在社會上普遍流行，
後又經魏晉南北朝，至唐代已頗興盛。西域各國僧徒，屢經海、陸兩路東來，
並以譯經、傳經爲務。耿湋「贈海明上人」曰：

來自西天竺，持經奉紫微。年深梵語變，行苦俗流歸。月上安禪久，
苔生出院稀。梁間有馴鴿，不去復何依。〔註117〕

司空曙「贈衡岳隱禪師」曰：

擁褐安居南岳頭，……梵經初向竺僧求。〔註118〕

〔註113〕書同前，卷二○八，包何「送泉州李使君之任」。
〔註114〕書同前，卷七八五，無名氏「天竺國胡僧水晶念珠」。
〔註115〕書同前，卷二八九，楊憑「贈寶牟」。
〔註116〕書同前，卷六八，崔融「詠寶劍」。
〔註117〕書同前，卷二六八，耿偉「贈海明上人」。
〔註118〕同註38。

權德輿「錫杖歌送明楚上人歸佛川」曰：

上人遠自西天竺，頭陀行徧國朝寺。口翻貝葉古字經，手持金策聲冷冷。〔註119〕

張籍「山中贈日南僧」曰：

獨向雙峯老，松門閉兩崖。翻經上蕉葉，挂衲落藤花。……時蓬海南客，蠻語問誰家。〔註120〕

劉言史「送婆羅門歸本國」曰：

刹利王孫字迦攝，竹錐橫寫叱蘿葉。遠知漢地未有經，手牽白馬遠天行。龜茲磧西胡雪黑，大師凍死來不得。地盡年深始到船，海裡更行三十國。行多耳斷金環落，冉冉悠悠不停腳。馬死經留卻去時，往來應盡一生期。〔註121〕

崔塗「送僧歸天竺」曰：

忽憶曾棲處，千峯近沃州。別來秦樹老，歸去海門秋。汲帶寒汀月，禪鄰賈客舟。遙思清興愜，不厭石林幽。〔註122〕

李洞「送三藏歸西天國」曰：

十萬里程多少磧，沙中彈舌授降龍。五天到日應頭白，月落長安半夜鐘。〔註123〕

清江「送婆羅門」曰：

雪嶺金河獨向東，吳山楚澤意無窮。如今自首鄉心盡，萬里歸程在夢中。〔註124〕

（二）景　教

景教於唐太宗時，自中亞傳入中國，故當時至中國之外來人士中，有許多景教徒，李白「上雲樂」述及景教思想曰：

金天之西，白日所沒，唐老胡雛，生彼月窟。纔巖儀容，戌削風骨。碧玉炅炅雙目瞳，黃金拳拳兩鬢紅，華蓋垂下睫，嵩巖臨上脣。不覩詭譎貌，豈知造化神。大道是文康之嚴父，元氣乃文康之老親。

〔註119〕書同前，卷三二七，權德輿「錫杖歌送明楚上人歸佛川」。
〔註120〕書同前，卷三八四，張籍「山中贈日南僧」。
〔註121〕書同前，卷四六八，劉言史「送婆羅門歸本國」。
〔註122〕書同前，卷六七九，崔塗「送僧歸天竺」。
〔註123〕書同前，卷七二三，李洞「送三藏歸西天國」。
〔註124〕書同前，卷八一二，清江「送婆羅門」。

撫頂弄盤古，推車轉天輪。云見日月初生時，鑄冶火精與水銀。陽
鳥未出谷，顧兔半藏身。女媧戲黃土，團作愚下人。散在六合間，
濛濛若沙塵。生死了不盡，誰明此胡是仙真，西海栽若木，東溟植
扶桑，別來幾多時，枝葉萬里長。〔註125〕

九、外來人士與唐代其他行業

（一）擔任翻譯工作

唐代有些外來人士因久居中國，深諳華語，故擔任翻譯工作者，亦頗有
其人。例如唐國皇帝在禁苑行獵，常有蕃王質子隨行，故須帶譯者為傳令之
用。盧綸「臘月觀咸寧王部曲娑勒擒豹歌」曰：

山頭瞳瞳日將出，山下獵圍照初日。前林有獸未識名，將軍促騎無
人聲。潛形跼伏草不動，雙鵰旋轉群鴉鳴。陰方質子纔三十，譯語
受詞蕃語掲。捨鞍解甲疾如風，人忽虎蹲獸人立。〔註126〕

（二）擔任醫生工作

西方醫術本甚高明，唐時至華之外來人士，亦多有精於此術者，劉禹錫
「贈眼醫婆羅門僧」曰：

三秋傷望眼，終日哭途窮。兩目今光暗，中年似老翁。看朱漸成碧，
羞日不禁風。師有金篦術，如何為發蒙？〔註127〕

觀此詩，劉禹錦對此醫僧，似頗具信心，亦可知外來醫生之醫術確實高明。

十、唐代社會生活受外來文化影響之舉例

筆者在前面已或多或少述及外來文化對唐代社會之影響，茲再舉數例以
進一步了解其盛況。

唐時外來人士旅居於唐地者，既如是之多，故唐人繪畫時，亦有以其為
題材者，顧況「杜秀才畫立走水牛歌」述之曰：

崑崙兒，騎白象；時時鎖著師子項。奚奴跨馬不搭鞍，立走水牛驚
漢官。〔註128〕

〔註125〕同註3。
〔註126〕書同前，卷二七七，盧綸「臘日觀咸寧王部曲娑勒擒豹歌」。
〔註127〕書同前，卷三五七，劉禹錫「贈眼醫婆羅門僧」。
〔註128〕書同前，卷二六五，顧況「杜秀才畫立走水牛歌」。

胡服、胡氈、胡絹在唐代亦甚爲流行，無名氏「放牓詩」曰：

> 乞兒還有大通年，三十三人椀杖全。薛庶準前騎瘦馬，范鄲依舊蓋
> 番氈。〔註129〕

甚至亦有居於胡式之氈帳者，白居易「別氈帳火爐」曰：

> 憶昨臘月天，北風三尺雪。年老不禁寒，夜長安可徹。賴有青氈帳，
> 風前自張設。復此紅火爐，雪中相暖熱。……毳簾遂日卷，香燼隨
> 灰滅。離恨屬三春，佳期在十月。但令此身健，不作多時別。〔註130〕

唐代婦女常以胡粉施面爲粧，徐延壽「南州行」曰：

> 金釧越溪女，羅衣胡粉香。〔註131〕

至於化粧形式，亦頗具胡風，例如白居易「時世妝」有曰：

> 時世妝，時世妝，出自城中傳四方，時世流行無遠近，顋不施朱面
> 無粉，烏膏注脣脣似泥，雙眉畫作八字低。妍媸黑白失本態，妝成
> 盡似含悲啼，圓鬟無鬢唯髻樣，斜紅不暈赭面狀。昔聞被髮伊川中，
> 辛有見之知有戎。元和妝梳君記取，髻堆面赭非華風。〔註132〕

唐代與外國之交通，除有前述之海船外，陸路方面多以胡馬及駱駝爲主，
杜甫「李鄠縣丈人胡馬行」曰：

> 丈人駿馬名胡騮，前年避胡過金牛。回鞭卻走見天子，朝飲漢水暮
> 靈州。自矜胡騮奇絕代，乘出千人萬人愛。一聞說盡急難材，轉益
> 愁向駑駘羣。頭上銳耳批秋竹，腳下高蹄削寒玉。始知神龍別有種，
> 不比俗馬空多肉。〔註133〕

另在「房兵曹胡馬詩」亦曰：

> 胡馬大宛名，鋒稜瘦骨成。竹批雙耳峻，風入四蹄輕。所向無空闊，
> 眞堪託死生。驍騰有如此，萬里可橫行。〔註134〕

唐代亦盛行由外國傳入之騎馬杖擊毬之遊戲，王建「宮詞」一百首中有
曰：

> 新調白馬怕鞭聲，供奉騎來遶殿行。爲報諸王侵早入，隔門催進打
> 毬名。

〔註129〕書同前，卷二六五，無名氏「放牓詩」。
〔註130〕書同前，卷四四四，白居易「別氈帳火爐」。
〔註131〕書同前，卷一一四，徐延壽「南州行」。
〔註132〕書同前，卷四二七，白居易「時世妝」。
〔註133〕書同前，卷二一七，杜甫「李鄠縣丈人胡馬行」。
〔註134〕書同前，卷二二四，杜甫「房兵曹胡馬詩」。

對御難爭第一籌，殿前不打背身毬。內人唱好龜茲急，天子鞘回過
玉樓。

殿前鋪設兩邊樓，寒食宮人步打毬。一半走來爭跪拜，上棚先謝得
頭籌。〔註135〕

李廓「長安少年行」曰：

追逐輕薄伴，閑遊不著緋。長攏出獵馬，數換打毬衣。〔註136〕

至於唐人之遊戲，亦多有從外國傳來者，例如流行於武后末年之潑寒胡
戲，在張說「蘇摩遮」五首（原註：潑寒胡所歌，其和聲云億歲樂。）曰：

摩遮本出海西胡，琉璃寶服紫髯胡。聞道皇恩遍宇宙，來時歌舞助
歡娛。

繡裝帕額寶花冠，夷歌騎舞借人看。自能激水成陰氣，不慮今年寒
不寒。

臘月凝陰積帝臺，豪歌擊鼓送寒來。油囊取得天河水，將添上壽萬
年杯。

寒氣宜人最可憐，故將寒水散庭前。惟願聖君無限壽，長取新年續
舊年。

昭成皇后帝家親，榮樂諸人不比倫。往日霜前花委地，今年雪後樹
逢春。〔註137〕

十一、結　論

綜上所述，雖然仍有許多有關之詩句未能引入，且尚有很多論題未能涵
蓋，然而吾人如從此一角度來欣賞、研究全唐詩，將可以了解外來文化在唐
國盛行之情形，同時亦可知深深地影響唐代之文化。元稹「法曲」有曰：

自從胡騎起煙塵，毛毳腥羶滿咸洛。女為胡婦學胡妝，伎進胡音務
胡樂。火鳳聲沈多咽絕，春鶯囀罷長簫索。胡音胡騎與胡妝，五十
年來競紛泊。〔註138〕

舊唐書輿服志亦曰：

〔註135〕書同前，卷三〇二，王建「宮詞」。
〔註136〕書同前，卷四七九，李廓「長安少年行」。
〔註137〕書同前，卷二八雜曲歌辭，張說「蘇摩遮」。
〔註138〕書同前，卷四一九，元稹「法曲」。

開元初，從駕宮人騎馬者，皆著胡帽，靚粧露面，無復障蔽。士庶
之家，又相仿效，⋯⋯太常樂尚胡曲，貴人御饌，盡供胡食，士女
皆竟衣胡服。〔註139〕

新唐書五行志則曰：

天寶初，貴族及士民好爲胡服胡帽。〔註140〕

凡此所引，皆爲唐代文化深受外來文化影響之寫照。

然而爲何會臻於此種情勢呢？筆者認爲除了與當時唐代武功發展及疆域
擴張有關之外，另一主要原因即是唐人，尤其是政府，甚至於皇帝本人，皆
無排外之態度所造成。資治通鑑卷一九四記之曰：

甲寅，上（唐太宗）幸芙蓉園。丙辰，校獵少陵原。戊午，還宮，
從上皇（唐高祖）置酒故漢未央宮。上皇命突厥頡利可汗起舞，又
命南蠻酋長馮智戴詠詩，既而笑曰：「胡越一家，自古未有也。」
〔註141〕

同書卷一九七曰：

上（唐太宗）曰：「夷狄亦人耳，其情與中夏不殊，人主患德澤不
加，不必猜忌異類。蓋德澤洽，則四夷可使如一家，猜忌多則骨肉
不免爲讎敵。」〔註142〕

同書卷一九八亦曰：

上（唐太宗）曰：「⋯⋯自古皆貴中華，賤夷狄，朕獨愛之如一，故
其種落皆依朕如父母。此五者，朕所以成今日之功也。」〔註143〕

從此些記述，吾人可知唐帝國對於外來人士之態度，乃是以寬容之心待之，
故使當時之中外文化能源源互相交流。而史家常謂唐代文化最具國際色彩之
言，亦誠爲不遑之論，蓋其來有自也。

（《中國邊政》第 85 期，民國 73 年 3 月）

〔註139〕舊唐書卷四十五，志第二十五，輿服，頁 1957～1958，鼎文書局印行，民國
65 年 10 月初版。

〔註140〕新唐書卷三十四，志第二十四、五行一，頁 879，鼎文書局印行，民國 65 年
10 月初版。

〔註141〕資治通鑑卷一九四，貞觀七年十二月戊午條，台灣商務印書館印行，四部叢
刊正編。

〔註142〕書同前，卷一九七，貞觀十八年十二月甲寅條。

〔註143〕書同前，卷一九八，貞觀二十一年五月庚辰條。

六、范仲淹之治邊

一、前 言

　　有宋一代，為吾國歷代中，邊患甚為劇烈者，終其兩宋三百二十年間，常受邊患之困擾。時，北宋之邊患，北有遼人，西北為西夏，故宋人曾耽心曰：「萬一元昊潛結契丹，互為犄角，則我一身二疾，不可並治。」〔註1〕王夫之宋論亦曰：「（宋）屢敗於西而元昊張，啓侮於北而歲幣增。」〔註2〕蓋遼人屢次以婚姻、封爵籠絡西夏，而西夏對遼亦尤尊崇，故遼夏常聯合制宋。使宋廷對西夏之用兵，勝則受遼諸多之干涉，敗則受遼百般之勒索，終於無法平定西夏之患。

　　宋之遼夏二患，實以西夏為禍較劇，因遼人於澶淵訂盟後，與宋和好踰百餘年，而西夏之犯宋邊，歷六十年之久，其間叛服無常，最後雖然名義上臣服於宋，然而北宋之國力在長期敵對當中，消耗頗多，其國運已為西夏所困，漸露衰敗之兆矣！

　　究之西夏犯邊，以元昊之世為最，其狡悍好戰，喜於用兵，野心亦很大，不僅稱帝建國，亦屢入寇宋邊，使北宋西陲為之騷然，宋軍幾度與之交戰多不利，乃詔求戍邊人材，以是范仲淹遂出。其深曉邊事，在邊之日，嚴密防守，使西夏進無可取，退無可掠，終致軍心渙散，國力困竭，遣使求和，而宋廷亦由是得一短暫喘息之機會。

　　本文即是欲就范仲淹治邊之經過予以試論之，以明其邊功之貢獻。

〔註1〕宋史卷三二五，列傳八四，劉平傳，頁 10502，鼎文書局印行，民國 69 年 7 月初版。

〔註2〕王夫之撰，宋論卷四，仁宗，頁 67。

二、范仲淹之治邊

（一）范仲淹初任邊陲

西夏之犯宋，由來已久，起自李繼捧、李繼遷，至趙元昊時，益形嚴重。初，元昊尚未嗣位為西夏王，即有叛意，及「弱冠獨引兵襲破回鶻夜洛隔可汗王，奪甘州，遂立為皇太子。數諫其父母臣宋，父（趙德明）輒戒之曰：『吾久用兵，疲矣。吾族三十年衣錦綺，此宋恩也，不可負。』元昊曰：『衣皮毛，事畜牧，蕃性所便，英雄之生，當王霸耳，何錦綺為？』」〔註3〕德明死，宋仁宗命工部郎中楊告為旌節官告使，禮賓副使朱允中副之，授元昊特進檢校太師兼侍中，並為定難軍節度夏、銀、綏、宥、靜等州觀察處置押蕃落使，西平王。然而元昊心中並未臣服，其車服儀衛竟悉擬帝制，且於仁宗景祐元年（1034）寇慶州，三年（1036），又取回鶻瓜、沙、肅三州，大拓西夏疆土。至仁宗寶元元年（1038）冬十月，僭號稱帝，國號大夏，公開叛宋。

仁宗康定元年（1040）春正月，元昊寇略延州，知州事范雍受元昊請款之欺，未事防備，故及至西夏兵來襲，雍速召鄜延副總管劉平、石元孫入援，皆力戰敗歿。延安遭西夏兵圍七日，情勢危急。幸好多雪大作，元昊引軍還，城乃得保全。然而陝邊情勢仍極危殆，故宋廷急詔令樞密同宰臣商討守邊之策，選曉邊戍邊之人材。

二月，韓琦受命安撫陝西，特推薦范仲淹以禦敵。初，仲淹在朝與宰相呂夷簡不睦，遇事互為激言，且各自結交朝士，嫉之者常誣之為朋黨〔註4〕。然而韓琦為解決國家邊事，特別表明不涉及朋比之事，並以族人之生命為誓，推舉仲淹〔註5〕。宋廷感於韓琦之忠言，而朝廷大臣亦多以仲淹為適當人選，故乃許之〔註6〕。

〔註3〕宋史卷四五八，列傳二四四，外國一，夏國上，頁13993。

〔註4〕參閱王德毅先生撰「范仲淹與呂夷簡」，史學彙刊第四期，頁85～119。

〔註5〕韓魏公集卷十，家傳，頁162～163，記有韓琦推舉范仲淹共主邊事曰：

「康定元年（1040）春，西邊方用兵，上念禁兵久戍，因請遣使安撫陝西，遂命公（韓琦）為陝西安撫使。……公奏曰：『雍（延州振武軍節度使范雍）二府舊臣，實盡瘁邊事，而郡人德之，願留以安眾心，振飭勇，使備總管可矣；若以雍節制無狀，勢當必易，則願起越州范仲淹委之。方陛下焦勞之際，豈敢避形跡不言，若涉朋比，誤國家事，當族。』」（台灣商務印書館，民國62年）

〔註6〕石介撰，徂徠集卷十七，頁2，上范經略書言及眾人皆謂范仲淹為適當之主西陲者，而曰：

「初，賊昊猖獗，閣下（范仲淹）常請守於吳，人皆曰不用閣下，賊不可破，

未久，仲淹奉命西行，三月戊寅，復仲淹天章閣待制，命知永興軍。五月，改命陝西都轉運使，刑部員外郎。七月，仁宗簡派仲淹與韓琦同爲陝西經略安撫副使，並以遷龍圖閣直學士吏部員外郎待之。仲淹至邊，首先按巡鄜延，是時延安新敗，障戍皆廢，守備多所潰乏，情勢甚爲不穩，朝廷擇將皆懼不敢行，而仲淹竟自請守鄜延以拒敵，曾曰：「如不往陝西，則前所上攻守之策，復成空言。」〔註7〕仁宗嘉而從之，乃於八月遷戶部郎中，兼知延州。

（二）范仲淹經營延州

初，仲淹方任陝西都轉運使，即曾上疏嚴守邊城以保關中之策，其言曰：「臣聞兵家之用，在先觀虛實之勢，實則避之，虛則攻之，今緣邊城寨，有五七分之備，而關中之備，無二三分，……爲今之計，莫若且嚴邊城，使之久可守；實關內，使無虛可乘，……若寇至，使邊城清野不與大戰，關中稍實，豈敢深入。……二三年間，彼自困弱，待衆心離叛，自有間隙，則行天討，此朝廷之上策也。又聞邊臣多請五路入討，臣竊計之，恐未可以輕舉也。……況今承平歲久，中原無宿將精兵，一旦興深入之謀，係難制之虜，臣以謂國之安危，未可知也。然則唐漢之時，能拓疆萬里者，蓋當時授任與今不同，既委之以兵，又與之稅賦，而不求速效，故養猛士，延謀客，日練月計，以待其隙，進不俟朝廷之命，退不關有司之責，觀變乘勝，如李牧之守邊，可謂善破虜矣。惟陛下深計，而緩圖之。」〔註8〕當時上下不知兵，其來有自，且亦久矣，積弱不振之勢已顯，實不可言興兵深入敵國，予以撻伐。仲淹深知此一情勢，故倡言力守邊城，此亦爲日後仲淹治邊之原則。

仲淹至鄜延了解邊情後，即上書宰相呂夷簡曰：「……延安之北，東西僅四百里，藩籬殆盡，近修金明聊支一路，將修寬州，以禦東北，非多屯軍馬，亦不能守，必須建軍，其利害具於奏中。今延安兵馬二萬六千，患訓練未精，將帥無謀，問以數路賊來勢，何登以待，皆不知所爲，但言出兵而已，此不可不爲憂也。」〔註9〕故仲淹在延州力事重新部署軍隊，使西夏對宋廷不敢心存輕視，皆「相戒曰：『無以延州爲意，今小范（仲淹）老子腹中自有數萬兵

及劉石敗，此論益讙然滿都下矣，天子乃釋閣下罪，益官進職，與夏（竦）、韓（琦）同節制陝西路。」（台灣商務印書館印行，62年）
〔註7〕范文正公集卷十九，陳乞邠州狀，頁247，台灣商務印書館印行，民國57年12月台一版。
〔註8〕書同前，別集卷四，論西事箚子，頁298～299。
〔註9〕書同前，卷九，上呂相公書，頁130。

甲，不比大范（雍）老子可欺也。』〔註10〕並派种世衡在延安之西築青澗城，開營田，寓以屯田實邊之意，廣招農商，增固邊防〔註11〕。

仁宗慶曆元年（1041）正月，朝廷爲求速解決西陲兵事，詔議攻守之策。時，韓琦與仲淹分別上奏，韓琦主攻策，仲淹主守議。韓魏公集卷十一家傳，記韓琦之言曰：

> 臣探知冬月，昊賊未能舉動之際，兼程赴闕，求對進呈，乞賜裁擇，尋下兩地大臣商議，只敢攻策施行。……況鄜延路范仲淹意在招納，更不出兵，雖具奏聞，乞依元策。……誠以昊賊據數州之地，精兵不出四五萬，餘皆老弱婦女，舉族而行，……且令諸路置辦軍需，訓整兵馬，俟及初秋，若范仲淹招懷未見其效，則別命近臣以觀賊隙。如必須討擊，即乞斷在不疑，剋日降旨，則庶事已辦，便可進兵。……乃戒諸路益嚴備不可弛，公乃行邊趨涇原。諜者報元昊閱兵，公度賊必寇山外，即徑趨鎮戎軍，召諸將會議，坐閒，報賊入界，公乃盡出其兵。〔註12〕

宋史韓琦傳曰：

> 琦言：「元昊雖傾國入寇，衆不過四五萬人，吾逐路重兵自爲守，勢分力弱，遇敵輒不支。若併出一道，鼓行而前，乘賊驕情，破之必矣。」〔註13〕

而仲淹則曰：

> 今須令正月內起兵，軍馬糧草動踰萬計，入山川險阻之地，塞外雨雪大寒，暴露僵仆，使賊乘之，所傷必衆，況鄜延路已有會合次第，不患賊之先至也。賊界春暖則馬瘦人飢，其勢易制，又可擾其耕種之務，縱出師無大獲，亦不至有他虞。……況已下敕招攜番於首領，臣亦遣人探問其情，欲通朝廷柔遠之意，使其不僭中國之號，而修時貢之禮，亦可俯從。今鄜延是舊日進貢之路，番漢之人頗相接近，願朝廷敦天地包容之量，存此一路。令諸將勒兵嚴備，賊至則擊。但未行討伐，容臣示以恩意，歲時之閒，

〔註10〕李燾著，續資治通鑑長編卷一百二十八，康定元年八月庚戌條，頁10～11，世界書局印行，民國63年6月三版。
〔註11〕書同前，康定元年九月庚午條，頁17。
〔註12〕韓魏公集卷十一，家傳，頁161～170。
〔註13〕宋史卷三一二，列傳七一，韓琦傳，頁10222。

或可招納，如先行攻掠，恐未能深據要害，徒為鈔劫損王師之
體，……臣所以乞存此一路者，一則懼春初盛寒，士氣愈怯；二
則恐隔絕情意，偃兵未期，若施臣之鄙計，恐是平定之一端。苟
歲月無放（效），遂舉重兵取綏、宥二州，擇其要害而據之，屯兵
營田作持久之計，如此則茶山、橫山一帶蕃漢人戶，去昊賊相遠，
懼漢兵威逼，可以招降，或奔竄，則是去西賊之一臂，拓疆制寇，
無輕舉之失也。〔註14〕

仁宗雖許仲淹之請，存鄜延一路以示招納，但仍取攻策，且令仲淹與韓
琦、夏竦同謀，以為互相呼應〔註15〕。然而仲淹與韓琦二人戰守之見仍未能
一致，韓琦乃派尹洙至延州與仲淹商議，合兵擊敵，無奈仲淹仍堅不從〔註
16〕。故未久韓琦即發兵，命行營總管任福將之，不料任福輕敵深入，為敵所
誘，中伏慘敗，與諸將多人戰歿於好水川。事後韓琦為此敗舉亦深悔之〔註
17〕，蓋初於進兵之前，陝西簽書經略安撫判官田況曾上出師七不可疏〔註18〕，
可是韓琦未予採用，與仲淹亦未議妥當，即出師輕進，終遭敗績，故韓琦頗引
以為疚，上章自劾，遭奪一官，徙知秦州。

〔註14〕 李燾著，前引書，卷一百三十，慶曆元年春正月丁巳條，頁1～3。
〔註15〕 書同前，戊午條，頁3。
〔註16〕 尹洙著，河南先生集卷二○，頁105，「奏為近差赴鄜延路行營其兵馬乞移撥
往環慶路事」言及至延州，與仲淹商議合兵擊敵事，曰：「臣尋正月二十六日，
到延州見范某，計議軍須，別未有言語，次日只與葛懷敏已下商量。……范
某方言近有劄子奏乞留鄜延一道，為進貢之路，未行攻討。」（台灣商務印書
館印行，民國54年4月）
〔註17〕 五朝名臣言行錄卷七，頁130，引東軒筆錄曰：
「仁宗時，西戎方熾，韓魏公琦為經略招討副使，欲五路進兵，以襲平夏。
時范文正公（仲淹）守慶州，堅持不可。是時尹洙為經略判官，一日將命至
慶州，約范公以進兵，范公曰：『我師新敗，士卒氣沮，當自謹守以觀其變，
豈可輕兵深入耶？以今觀之，但見敗形，未見勝勢也。』洙歎曰：『公於此乃
不及韓公也。韓公嘗云：大凡用兵，當先置勝敗於度外。今公乃區區過謹，
此所以不及韓公也。』范公曰：『大軍一動，萬命所懸，而乃置於度外，仲淹
未見其可。』洙議不合，遽還。魏公遂舉兵入界，次好水川，元昊設覆，全
師陷沒，大將任福死之。魏公遽還，至半塗（途），而亡者父兄妻子數千人號
於馬首，皆持故衣紙錢招魂而哭曰：『汝昔從招討出征，今招討歸而汝死矣！
汝之魂識亦能從招討以歸乎？』既而哀慟聲震天地。魏公不勝悲憤，掩泣駐
馬，不能前行者數刻。范公聞而歎曰：『當是時，難置勝敗於度外也。』」（台
灣商務印書館印行，民國54年4月）
〔註18〕 李燾著，前引書，卷一百三十一，慶曆元年二月丙戌條，頁3～5。

（三）范仲淹對元昊之招撫與影響

好水川之敗，雖為韓琦、任福等人之輕進所致，然而仲淹卻亦因擅與元昊互通書信，而遭奪一官，知耀州，未踰月，徙知慶州。

初，元昊乘宋廷戰守未決之際，於慶曆元年（1041）元月，遣高延德至延州，與仲淹約和，仲淹以利害關係責之，勸元昊接受招撫〔註19〕。並復書曰：

> ……天子遣某，經度西事，而命之曰：「有征無戰，不殺非辜，王者之兵也，汝往欽哉。」某拜于稽首，敢不夙夜於懷，至邊之日，見諸將帥，多務小功，不為大略，甚未副天子之意。某與大王，雖未嘗高會，嚮者同事朝廷，於天子，則父母也，於大王，則兄弟也。豈有孝於父母，而欲害於兄弟哉。……大王如能以愛民為意，禮下朝廷，復其王爵，承先大王之志，天下孰不其賢哉，一也。如眾多之情，三讓不獲，前所謂漢唐故事，如單于可汗之稱，尚有可稽於本國語言為便，復不失其尊大，二也。但臣貢上國存中外之體，不召天下之怨，不速天下之兵，使蕃漢邊人復見康樂，無死傷相枕，哭泣相聞之醜，三也。又大王之國府用或闕，朝廷每歲必有物帛之厚賜為大王助，四也。……功高者受朝廷之命亦足隆大王之體，五也。……今日之官，非獨利於大王，蓋以奉君親之訓，救生民之患，合天地之仁而已乎，惟大王擇焉。〔註20〕

未料，元昊復書極為傲慢，仲淹閱之，未上奏，即當眾焚之，故以擅復元昊書信，而遭奪一官，降為戶部員外郎，改知耀州。仲淹於耀州謝上表中，為此事提出辯言曰：

> 自兼守延安，莫遑寢食，城寨未謹，兵馬未精，日有事宜，處置不暇。而復虞內應之患，發於邊城；或反間之言，行於中國，百憂俱

〔註19〕歐陽永叔集（歐陽文忠公集），居士集卷二十，頁51，資政殿學士戶部侍郎文正范公神道碑銘，言及仲淹招撫元昊之情形曰：

「是時新失大將，延州危，公（范仲淹）請自守鄜延扞賊，乃知延州。元昊遣人遺書以求和，公以謂無事請和，難信，且書有僭號，不可以聞，乃自為書，告以逆順成敗之說，甚辯。」（台灣商務印書館印行，民國57年9月台一版）

〔註20〕范文正公集卷九，答趙元昊書，頁125～128。

另在續資治通鑑長編卷一百三十，頁6～10，慶曆元年正月條，所述仲淹復元昊書亦甚詳。

在，數月于茲。而方修完諸柵，訓齊六將，相山川，利器械，爲將來之大備。不幸昨者高延德來自賊庭，求通中國之好，其僭僞之稱，即未削去，臣以朝廷方命入討，豈以未順之款，送于闕下，此不可一也；或送于闕下，請朝廷處置，又恐荅以詔旨，則降禮大甚，若屏而不荅，則阻絕來意，此不可二也；兼慮詐爲款好，以殆請路之兵，苟輕信而納之，賊爲得計，此不可三也。又寶元三年正月八日，曾有宣旨，今後賊界差人，齎到文字，如依前僭僞，立便發遣出界，不得收接。臣所以卻令高延德迴去，仍諭與本人，須候禮意遜順，方可聞于朝廷，亦已一面密奏。臣又別奉朝旨，依臣所奏，留廓延一路，未加討伐，容臣示以恩意，歲時之間，或可招納。臣方令韓周守在邊上，探伺彼或有進奉之意，即遣深入曉諭，適會高延德到來，堅請使介同行。況奉朝旨，許臣示以恩意，乃遣韓周等，送高延德過界，以系其意，或未稟承，則於臣爲恥，於朝廷無損。及韓周等迴，且言初入界時，見迎接之人，叩頸爲賀，無何，前行兩程，便聞任福等有山外之敗，去人沮氣，無以爲辭，賊乃益驕，勢使然矣。其迴來文字，臣始不敢開封，便欲進上，都鈐轄張亢，懇言曾有朝旨，若得外界章表，須先開視，及僭僞文字，應有辭涉悖慢者，並須隨處焚毀，勿使騰布。臣相度事機，誠令如此，章表尚令先開，況是與臣文字，遂同張亢開封視之，見其挾山外事後，辭頗驕易，亦有怨尤，與賀九言齎來文字，意度頗同，非戎狄之能言，皆漢家叛人所爲枝葉之辭也。恐上黷聖聰，或傳聞于外，爲輕薄輩，增飾而談，有損無益。臣尋便焚毀，只存書後所求通好之言，及韓周等別有箚到，邀求數事，並納赴樞密院。今於涇原路，取得寶元二年七月十四日聖旨箚子一道，並如張亢之言。其所來文字，果合焚毀，則臣前之措置，皆應得朝廷處分。〔註21〕

仲淹之本意，乃在於盡量減少兵戎，冀望以招撫手段安定邊事，故有招納元昊之舉，其初志爲愛國愛民心意之激發，故後來仁宗乃薄其責〔註 22〕。

〔註21〕范文正公集卷十五，耀州謝上表，頁 214～215。
〔註22〕李燾著，前引書，卷一百三十一，頁 19，慶曆元年四月癸未條，述及仲淹坐擅復元昊書，與仁宗薄其責之經過曰：
「降陝西經略安撫副使兼知延州龍圖閣直學士戶部郎中范仲淹爲戶部員外郎知耀州職如故。始韓周等持仲淹書入西界，逆者禮意殊善，行既兩日，聞山

然而吾人如再就好水川之敗深究之，固然以韓琦、任福之輕進爲其敗仗主因，而仲淹之主和，欲以招降策略解決西事，則亦不能不負部分之責任，蓋正落陷於元昊之計，使元昊免除遭此路進擊之憂。吳廣成「西夏書事」曰：

> 是時，經略西事，韓主用兵，范主招納，嘗有夏人杜文廣至延州，言西界聞會兵入討，國中呼集，點配遷徙驚擾，使乘此時令諸將直搗興靈，疾雷不及掩耳，元昊善謀亦難爲備。乃朝議遷延，元昊因順仲淹之說，遣使約和，蓋其志犯秦渭，惟恐延州赴援籍（藉）此爲款兵計耳，仲淹遺書答之，墮其術中矣。〔註23〕

故吾人可言宋夏此次之戰，宋廷君臣皆陷於元昊之計，因元昊已知仲淹對攻策表示異見，乃向仲淹示好，虛以委蛇，以使仲淹終不出兵，而另方面則全力向涇原路進攻，致使宋軍大敗於好水川。

（四）范仲淹之治軍

范仲淹深知當時宋代軍隊之情況，曾曰：「自眞宗皇帝之初，猶有舊將舊兵，多經戰敵，四夷之患，足以禦防。今天下休兵，餘二十載。昔之戰者，今已老矣，今之少者，未知戰事，人不知戰，國不慮危。」〔註24〕又曰：「昔之戰者，毫然已老，今之壯者，囂而未戰，聞名之將，往往衰落，豈無晚輩，未聞邊功。」〔註25〕故選將練兵爲當時邊防亟須改善之務。仲淹就此事提出其意見曰：「揀選少壯有精神者，並與三路邊上差遣，今慣習邊事或年甲雖高，素有心力，未至衰老者，亦可充邊上知州軍，駐泊都監，勾當頗濟事務。」〔註26〕

然而仲淹認爲選得將材後，仍須加以磨鍊，其曰：「臣竊見邊上，甚有弓馬精強，諳知邊事之人，則未曾習學兵書，不知爲將之體，所以未堪拔擢。

外諸將敗亡，周等抵夏州，留四十餘日，元昊俾其親信葉勒旺榮爲書報。仲淹別遣使與周俱還，且言不敢以聞。烏珠書辭益慢，仲淹對使者焚其書，而潛錄副本以聞，書凡二十六紙，其不可以聞者二十紙，仲淹悉焚之，餘又略加刪改。書既達，大臣皆謂仲淹不當輒與元昊通書，又不當焚其報。呂夷簡詰周不稟朝命，擅入西界，周言經略專殺生，不敢不從，坐削官監通州稅。宋庠因言于上曰：『仲淹可斬也。』杜衍曰：『仲淹本志蓋忠于朝廷，欲招納叛羌，爾何可深罪？』夷簡亦徐助衍言，知諫院孫沔又上疏爲仲淹辨。上悟，乃薄其責。」

〔註23〕吳廣成撰，西夏書事卷十四，頁46，廣文書局印行，民國57年5月初版。
〔註24〕范文正公集卷七，奏上時務書，頁98。
〔註25〕書同前，卷八，上執政書，頁112。
〔註26〕書同前，政府奏議下，奏乞減武臣充提刑及令樞密院三班選人進呈，頁357。

欲乞指揮陝西路，河東逐路經略司，於將佐及使臣軍員中，揀選識文字的，有機智武勇，久遠可以為將者，取三五人，令經略部署司參謀官員等，密與講說兵馬，討論勝策，所貴邊上武勇已著之人，更知將略，或因而立功，則將來有人可任。」〔註27〕居於此一觀點，故「仲淹以左氏春秋授之（狄青）曰：『將不知古今，匹夫勇爾。』青折節讀書，悉通秦、漢以來將帥兵法，由是益知名。」〔註28〕

仲淹亦認為宋代以文臣出任邊將實非善策，故提倡文武同時擢用，其上呂相公（夷簡）書曰：

> 竊以文武之道一，而文武之用異，然則經天下，定禍亂，同歸于治者也。……如鄜延、環慶二帥，一路以文，一路以武，涇原、秦鳳二帥，亦如之。〔註29〕

仲淹既是如此特別重視邊將人材之選拔，故終得良將多人，在「奏邊上得力材武將佐等姓名事」曾曰：

> 臣等在邊上，體量得材武可用將佐人數如後：第一等；涇原路部署狄青，有度量勇果，能識機變。鄜延路部署王信，忠勇敢戰，身先士卒。環慶路權鈐轄知環州种世衡，足機略、善撫馭，得蕃漢人情。環慶路鈐轄范全，武力過人，臨戰有勇。第二等；鄜延路都監周美，諳練邊情，及有武勇。知保州安軍劉拯，有機智膽勇，性亦沈審。秦鳳路都監謝雲行，勇力有機，今之驍將。延州西路巡檢使葛宗古，弓馬精強，復有膽勇。鄜延路都監譚嘉震，勇而有知，戰守可用，涇原路都監黃士寧，剛而有勇，可當一隊。鄜延路鈐轄任守信，能訓練，有機智。涇原路都監許遷，訓練嚴整，能得眾情。秦鳳路鈐轄安俊，勇而有辯，倉卒可使。環慶路都監張建候，知書戰下，可當軍陣。鄜延路都監張宗武，精於訓練，可備偏裨。〔註30〕

此等邊將之材，可謂皆為仲淹主事西陲時之所賴。

仲淹對士卒頗為照顧、關懷，曾曰：「自古將帥，與士旅同其安樂，則可共其憂患，而為國家之用，故士未飲而不敢言渴，士未食，而不敢言饑。」

〔註27〕 書同前，政府奏議上，奏乞指揮國子監保明武學生令經略部署司講說兵書，頁321。
〔註28〕 宋史卷二九○，列傳四九，狄青傳，頁9718。
〔註29〕 范文正公集卷九，上呂相公書，頁131。
〔註30〕 書同前，政府奏議下，薦舉，奏邊上得力材武將佐等第姓名事，頁360～361。

〔註31〕並在「奏論陝西兵馬利害」又曰：

> 臣竊陝知西禁軍廂軍，不下二十萬眾，防秋在近，必須養育訓練，
> 以期成功，在乎豐以衣食，使壯其力，積以金帛，示有厚賞，牛酒
> 以悅之，律罰以威之。如此則兵有鬥志，將以增氣。〔註32〕

富弼於「范文正公墓誌銘」亦曰：

> 時朝廷以戍卒屢衂，議黥，鄉人懼甚，竄匿不願黥。公（范仲淹）
> 改命，但刺其手，非校戰，請農于家。後罷兵，獨環慶路鄉軍得復
> 為民，民德公，至于今不忘。〔註33〕

而對軍人家屬亦予多方之照顧，認為「安邊御眾，須是得人心，優恤其家，厚其爵祿，多與公用錢，及屬州課利」〔註34〕，故使邊軍終免家計之累，專心致力於西陲之防守。

（五）范仲淹之屯邊、安民與撫羌

范仲淹之治邊，既是探守策，故尤重視「建砦屯田」，特於邊境之地，招民或派兵開闢荒地，使成良疇，如此不僅可鞏固邊塞，亦可足軍食。其曰：

> 臣觀之邊寨，皆可使弓手士兵以守之，因置營田，據畝定課，兵獲
> 餘羨，中糶於官，人樂其勤，公收其利，則轉輸之患，久可息矣。
> 且使其兵徙家塞下，重田利，習地勢，父母妻子，而堅其守。比之
> 東兵不樂田利，不習地勢，復無懷戀者，功相遠矣。〔註35〕

在邊之民，時罹戰患，仲淹尤憐愛之，常予救濟，當「麟州新罹大寇，言者多請棄之，仲淹為修故砦，招還流亡三千餘戶，蠲其稅，罷榷酤予民，又奏免府州商稅，河外遂安」〔註36〕。且奏請朝廷救濟遭遇天災之飢民，其於「奏乞救濟陝西飢民」中曰：

> 臣等竊見陝西永興軍，同、耀、華州陝府等處，今夏災旱，得雨最
> 晚，民間秋稼，甚無所望，官中倉廩，亦無積貯，若不作擘畫，即
> 百姓大段流移，殍亡者眾，兼軍食闕絕，臨時轉漕不及。臣等欲乞
> 朝廷，速降指揮，委本路都轉運使孫沔，速相度上件州軍向去，救

〔註31〕書同前，卷十六，讓觀察使第一表，頁220。
〔註32〕書同前，政府奏議下，奏論陝西兵馬利害，頁351。
〔註33〕書同前，褒賢集，富弼撰，范文正公墓誌銘，頁555。
〔註34〕書同前卷五，答竊議，頁77～78。
〔註35〕書同前卷五，議守，頁77。
〔註36〕宋史卷三一四，列傳七三，范仲淹傳，頁10275。

濟飢民，及辦給軍食，有何次第。如難爲擘畫，即便於黃河，内搬
輦自京以來斛斗，往彼應副，仍速行相度公路如何計綱，即不至艱
阻。事狀聞奏，候到，乞朝廷早賜施行。〔註37〕

由是邊民益加感激仲淹之德懷。

仲淹爲免羌人助西夏入寇宋邊，乃極力招撫羌人，以便爲宋所用〔註38〕，
並委种世衡任之，終使諸羌受命悅服，故羌人親愛之，呼（仲淹）爲『龍圖
老子』〔註39〕，且「邠、慶二州之民與屬羌，皆畫像立生祠事之，及其卒也，
羌酋數百人，哭之如父，齋三日而去」〔註40〕。蓋其撫羌之意如此誠摯〔註41〕，
故諸羌遂爲宋廷西陲之藩籬。

（六）范仲淹經略環慶

韓琦既坐好水川之敗，而范仲淹亦以擅復元昊書，分遭貶徙，宋廷乃於
慶曆元年（1041）五月，詔以夏竦屯鄜州，陳執中屯涇州，又徙仲淹知慶州，
兼管句環慶路部署司事。然而夏竦對西事「頗依違顧避」，「數請解兵柄」，「畏
懦不肯盡力」〔註42〕，且于巡邊時，「置侍婢中軍帳下，幾致軍變」〔註43〕，
故「元昊嘗募得竦首者，與錢三千，爲賊輕侮如此」〔註44〕，言官均紛紛交
章論竦，視之爲奸邪。及豐州陷敵，知諫院張方平極力劾之，方被罷。九月，

〔註37〕范文正公集，政府奏議上，奏乞救濟陝西饑民，頁315。
〔註38〕當時范仲淹對招撫羌人之看法是「取綏、宥二州，擇其要害而據之，屯兵營
田作持久之計，如此則茶山、橫山一帶番漢人戶，去昊賊相遠，懼漢兵威逼，
可以招降，或奔竄，則是去西賊之一臂，拓疆制寇，無輕舉之失也。」（註：
續資治通鑑長編卷一三〇，慶曆元年春正月丁巳條，頁3）。至於如何招撫羌
人，「仲淹至部，即奏行邊，以詔書犒賞諸羌，閱其人馬，立條約：讎已和斷
私報之，及傷人者罰羊百馬二，已殺者斬；負債爭訟聽告官爲理，輒質縛平
人者罰羊五十馬一；賊馬入界，追集不起，隨本族每戶罰羊二，質其首領；
賊大入，老幼入保本寨，官爲給食，即不入寨，本家罰羊二，全族不至者，
質其首領。諸羌受命悅服，自是始爲漢用。」（註：續資治通鑑長編卷一三二，
慶曆元年五月壬申條；頁7）
〔註39〕宋史卷三一四，列傳七三，范仲淹傳，頁10271。
〔註40〕宋史卷三一四，列傳七三，范仲淹傳，頁10276。
〔註41〕范仲淹待諸羌尤以誠心視之，「諸蕃質子，縱其出入，無一人逃者；蕃酋
來見，召之臥內，屏人徹衛，與語不疑」（註：范文正公集，褒賢集，頁
551）。
〔註42〕宋史卷二八三，列傳四三，夏竦傳，頁9575。
〔註43〕同前註。
〔註44〕同前註。

復仲淹爲戶部郎中，十月，以龍圖閣直學士戶部郎中管句環慶路部署司事，兼知慶州爲左司郎中。未久，宋廷分陝西爲四路，各署帥臣任戰守，以韓琦知秦州，守秦鳳一路，以王沿知渭州，守涇原一路，以范仲淹知慶州，守環慶一路，以龐籍知延州，守鄜延一路。仲淹於「上攻守利害安危狀」曰：

> 西戎背德，卿大夫爭進計策，而未能副陛下憂邊之心，且議攻者謂守者示弱，議守者謂攻必速禍，是二者之議卒不能合也。臣前在延安，初則請復諸砦爲守禦之備，次則幸其休兵，輒遣一介示招納之意，朝廷以羣言之異，未垂采納，今臣領慶州，日夜思之，乃知攻有利害，守有安危。何則？攻其遠則害必至，攻其近則利亦隨，守以士兵則安，守以東兵則危，臣所謂攻宜取其近而兵勢不危，守宜圖其久而民力不匱，招納之策可行於其閒。今奉詔俾嚴加捍禦，俟時而動，與鄰道協心而共圖之。又覩赦文謂彼無騷動，我不侵掠，臣恐賊寇一隔，遠在數百里外，應援不及，須爲牽制之策，以沮賊氣，願朝廷於守策之外，更備攻術，有備而不得，豈當行而無備也。臣前常遣人入界通往來之問，或更有人至，不可不答。朝廷先降密旨，令往復論議，歲年之閒，當有成事。且自古兵馬精勁，西戎之所長也，金帛富庶，中國之所望也。禮義不可化，干戈不可取，則當任其所有，勝其所長，此霸王之術也。〔註45〕

此時宋廷已深知西事之嚴重，欲處理得當，亦以仲淹之策爲上，故仁宗特嘉其議。於慶曆二年（1042）四月，以仲淹爲鄜州管內觀察使，仲淹三上表以辭曰：

> 臣守邊數年，羌胡頗親愛臣，呼臣爲「龍圖老子」，今改觀察使，則與諸族首領名號相亂，恐爲賊所輕，且無功不應更增厚祿。〔註46〕

故至五月，乃命復爲龍圖閣直學士、左司郎中。十月，以仲淹爲樞密直學士、右諫議大夫、鄜延路部署經略安撫招討使。十一月，任陝西四路馬步軍都部署、經略安撫招討使、兼領環慶路，並與韓琦共駐涇州。韓琦自好水川敗後，亦信服仲淹，願與之協力守邊，二人「計謀必欲收復靈夏橫山之地，邊上謠曰：『軍中有一韓，西賊聞之心骨寒，軍中有一范，西賊聞之驚破膽。』元昊

〔註45〕 王稱撰，東都事略卷五十九上，列傳四十二上，范仲淹傳，頁3～4。文海出版社印行，民國56年1月台初版。
〔註46〕 李燾著，續資治通鑑長編卷一百三十四，慶曆二年五月癸亥條，頁25。

大懼，遂稱臣。」〔註47〕

慶曆三年（1043）正月，元昊遣使請和。四月，宋廷以邊事稍寧，乃召仲淹、韓琦並除樞密副使，知永興軍，仲淹上表互讓，不從，乃拜。此後仲淹專事於朝政改革，未料招致朝臣反感，適值西陲邊事又起，仲淹與富弼共請行邊。慶曆四年（1044）六月，宣撫陝西，並兼河東宣撫使，五年（1045）正月，拜資政殿學士，知邠州軍州事，及管內勸農使，兼陝西四路沿邊安撫使。十一月，詔以邊事寧息，乃罷，改知鄧州，轉給事中資政殿學士。後又徙知杭州、青州等地，不幸於皇祐四年（1052）正月，積勞成疾而逝。

三、結　論

宋人曾曰：「邊上自有龍圖公（范仲淹）爲長城，吾屬何憂。」〔註48〕此誠爲確切之言，吾人綜上所論，即可得一明證。蓋仲淹「爲將，號令明白，愛撫士卒，諸羌來者，推心接之不疑，故賊亦不敢輒犯其境」〔註49〕。故吾人論及仲淹之邊功，尤應稱述其治邊、守邊之得法，雖然其在邊之日，仍無法伐夏、平夏，然而亦未曾有致敗之績。故對當時積弱不振之宋代而言，此一成就頗難能可貴，亦已足夠使宋人自覺欣慰矣！而仲淹之爲北宋西陲「長城」，應足可當之無愧也！

（《中國邊政》第78期，民國71年6月）

〔註47〕五朝名臣言行錄卷七之二，名臣傳，頁130。
〔註48〕轉引林旅芝著，西夏史，頁111，鼎文書局印行，民國68年7月初版。
〔註49〕宋史卷三一四，列傳七三，范仲淹傳，頁10272～10273。

七、蒙古初期與遼金之軍政關係

一、前　言

　　初當五代後晉時，契丹族酋長耶律阿保機統一北族，建國號遼，並領有蒙古全土。後女真族興，其酋長完顏阿骨打起而叛遼，席捲東北，迫使遼人勢力西遷，建立金國，且據蒙古東邊。至蒙古族盛，則情勢又成另一局面矣。故依此觀之，此三族之關係誠爲密切，本文乃欲探討蒙古初期與遼金在軍政方面之關係。至於文化、經濟、社會等關係，則略而不談。

二、蒙古初期與遼之關係

　　宋人葉隆禮契丹國志云：

　　　　正北有蒙古里國，國無君長所管，亦無耕種，以弋獵爲業，不常其
　　　　居。每四季出行，惟逐水草，所食惟肉、酪而已。不與契丹爭戰，
　　　　惟以牛、羊、駝、馬、毛、氊之物與契丹互相交易，南至上京四千
　　　　里。〔註1〕

故當遼代，蒙古人未興之前，僅是游牧於遼上京臨潢府以北四千里外，而爲散居雜處之射獵人羣，且只求貨物之交易，並不急於爭戰。

　　同時常派遣使節奉貢於遼，遼史道宗紀曰：

　　　　太康十年（1084）二月庚午朔，萌古國遣使來聘。三月戊申，遠萌
　　　　古國遣使來聘。〔註2〕

〔註1〕葉隆禮著，契丹國志卷二十二，頁187，廣文書局印行。
〔註2〕楊家駱注，新校本遼史，本紀第二十四道宗四，頁289，鼎文書局印行。

蓋此時之蒙古，爲遼朝之屬國，遼廷曾設官以治之，三朝北盟會編史愿亡遼錄有云：

> （遼）如沙漠之北，則置西北路都招討府、阿爾威部族衙、蘆溝河
> 統軍司、倒搷嶺衙，鎮攝韃靼、蒙古、德呼勒諸國。〔註3〕

及至金叛擾遼廷，蒙古部族之軍隊亦曾助遼以抗金，三朝北盟會編史愿亡遼錄曰：

> （天祚）保大四年（1124），得達實林牙兵，又得陰山韃靼、摩古津
> （蒙古）兵，自謂天助，謀出兵收復燕雲。〔註4〕

然而蒙古與遼之關係，未久即隨著金興遼亡而斷絕，雖然耶律大石在中亞建立西遼國（哈剌契丹），但其與蒙古之關係，已和往昔迥然不同矣。

三、蒙古初期與金之關係

女眞人興於遼之故地，建立金國後，與蒙古人之關係亦頗密切。其時蒙古人轉而受治於金，金史太祖紀曰：

> 天輔六年（宋徽宗宣和四年，1122）五月，謨葛夫（蒙古）遣其子
> 菹泥刮失貢方物。〔註5〕

金史太宗紀亦曰：

> 天會三年（宋徽宗宣和七年，1125）三月，幹魯獻傳國寶，以謨夫
> （蒙古）來附，請授印綬。〔註6〕

天輔六年正是遼天祚帝保大二年（1122），可知此時蒙古已降金。

然而金史爲元人所修，有關臣屬之關係大多記述簡略，甚而闕如。即使至蒙古興起後，蒙金雙方之和戰亦多被刪削。例如金史卷九十六李愈傳云：

> 泰和二年（宋寧宗嘉泰二年，1202）夏四月上書，愈復諫曰：「北部
> 侵我舊疆千有餘里，不謀雪恥，復欲北幸，一旦有警……。〔註7〕

此處所指「北部」，即宋人所言「金北有蒙古之警」。金既失地有千餘里之多，亦可知此時蒙古對金軍事之劇烈及金師對北方之邊防已不可守。

〔註3〕徐夢莘著，三朝北盟會編卷二十一，史愿亡遼錄，頁7，四庫全書珍本六集，
　　　商務印書館印行。
〔註4〕書同前，頁5。
〔註5〕楊家駱注，新校本金史，本紀第二太祖，頁37，鼎文書局印行。
〔註6〕書同前，本紀第三太宗，頁52。
〔註7〕書同前，卷九十六，列傳第三十四李愈，頁2130。

　　筆者為求更加了解蒙古初期與金之軍政關係，乃就宋人有關之記載探尋之，以見其端倪。建炎以來朝野雜記乙集卷十九云：

> 金國盛時，置東北招討司，以捍蒙兀、高麗、西南招討司以統隸韃靼、西夏。〔註8〕

同書又云：

> 有蒙國者在女真之東北，唐謂之蒙兀部，金人謂之蒙兀，亦謂之萌骨人，不火食，夜中能視，以鮫魚皮為甲，可捍流矢。自紹興時叛，都元帥宗弼用兵連年，卒不能討，但分兵據守要害，反厚賄之，其主僭稱祖元皇帝，至金亮之世，並為邊患，其來久矣。〔註9〕

洪皓松漠紀聞所言與前書略同，其曰：

> 盲骨子（蒙古人）其人長七尺捕生麋鹿食之，金人嘗獲數輩至燕，其目能視數十里，秋毫皆見，蓋不食烟火，故眼明。與金人隔一江，嘗渡江之南為寇，禦之則返，無如之何。〔註10〕

　　蒙古族興起後，與金之爭戰雖互有勝負，然此際金國似僅採取守勢，並無進襲之力量。建炎以來繫年要錄卷九十六云：

> 紹興五年（金天會十三年，1135），是冬，金主亶以蒙古叛亂，遣領三省事宋國王（金之封號）宗盤，提兵破之。蒙古者，在女真之東北，在唐為蒙兀部。〔註11〕

前書卷一三三云：

> 紹興九年（金熙宗天眷二年，1139），女真萬戶呼沙呼，北攻蒙古部，糧盡而還。蒙古追襲之，至上京之西北，大敗其眾於海嶺。〔註12〕

前書卷一四八云：

> 紹興十三年（金熙宗皇統三年，1143）三月，蒙古復叛金。金主亶命將討之。初魯國王（金之封號）昌既誅，其子星哈都郎君者，率其父攻部曲以叛，與蒙古通。蒙古由是強取二十餘圍寨，金人不能

〔註8〕李心傳著，建炎以來朝野雜記乙集卷十九，頁 1187～1188，宋史資料萃編第一輯，趙鐵寒主編，文海出版社。
〔註9〕書同前，頁 1193～1194。
〔註10〕洪皓著，松漠紀聞卷上，頁 20，廣文書局印行。
〔註11〕李心傳著，建炎以來繫年要錄卷九十六，頁 3115～3116，宋史資料萃編第二輯，趙鐵寒主編，文海出版社。
〔註12〕書同前，卷一三三，頁 4199。

制。〔註13〕

前書卷一五五則曰：

> 紹興十六年（金皇統六年，1146）八月，金元帥兀朮之未卒也，自
> 將中原所教神臂弓弩手八萬人討蒙古。因連年不能克，是月領汴京
> 行台尚書省事蕭博碩諾，與蒙古議和，割西平河以北二十七團寨與
> 之，歲遺牛羊米豆。且再命其酋節倫貝勒爲蒙古國王，蒙人不肯。
>
> 〔註14〕

前書卷一五六又云：

> 紹興十七年（金皇統七年，1147）三月，蒙古與金人始和，歲遺牛
> 羊米豆縣絹之屬甚厚。於是蒙古鄂倫貝勒乃自稱祖元皇帝，建元天
> 興。金人用兵連年，卒不能討，但遣精兵分守要塞而還。〔註15〕

凡此所述，多爲宋人對蒙古與金關係之記載，不見於元史、元朝秘史、皇元
聖武親征錄、蒙古源流等書，雖所記之事未必確實，然吾人亦可由此而略知
當時蒙金間之情勢。

近代學者王國維對此亦有論述，其所著蒙韃備錄箋證曰：

> 舊有蒙古斯國在金人僞天會間，亦嘗擾金虜爲患，金虜嘗與之戰，
> 後乃多與金帛和之。〔註16〕

而對蒙古與金在早期之爭戰，則在萌古考曰：

> （金）出重臣以臨文，築壕塹以備之，而明昌六年夾谷清臣栲栳濼
> 之役；承安元年內族襄幹里札河之役；三年內族宗浩移米河之役，
> 最爲大舉。以今考之，惟幹里札河一役係伐韃靼，其前後二役皆爲
> 蒙古也。〔註17〕

四、結　論

綜觀上之所述，吾人可知初當蒙古早期，國無君長，部落分歧，各不相
屬，且互相搶奪盜掠，遂爲強鄰——遼所統制。至女眞族滅遼，蒙古諸部復
因爭奪財產、地位，互相仇殺，故未能形成統一之力量，一致對外。幸至金

〔註13〕書同前，卷一四八，頁4679～4680。
〔註14〕書同前，卷一五五，頁4922～4923。
〔註15〕書同前，卷一五六，頁4951。
〔註16〕王國維著，蒙古史料四種，蒙韃備錄箋證，頁434。
〔註17〕王國維著，王觀堂先生全集冊二，萌古考，文華出版公司。

國末期，成吉思汗統一各部，足與金對立，而金人貪圖南宋之財富，對蒙古人之興起，並未予以重視，僅築「金源邊堡」以禦之，一意採北守南攻之戰略，傾力侵伐南宋，遂予蒙古人有機可乘，非但守之不成，終至亡國之厄運。

（《中國邊政》第 71 期，民國 69 年 9 月）

八、論元朝初期之以漢治漢

一、前　言

　　蒙古族崛起於十三世紀，在中國史上不僅開創一空前之版圖，且於歐洲史及整個世界均具有頗爲深遠之影響。

　　始自成吉思汗創立汗業後，以及日後幾位繼承人之開拓，終於建立起橫跨歐亞兩洲之大帝國。彼時蒙元帝國武功之所及，東征高麗，招致日本，取西夏，滅金、南宋，平吐蕃、大理、安南、占城、緬甸、南洋羣島。而西向之拓展更是盛事，自畏吾兒以西，裏海、太和嶺，黑海以北等地皆被其征服，並破斡羅思、波蘭、匈牙利，平服底格里斯河、幼發拉底河兩岸及阿美尼亞、谷兒只、小亞細亞等地，凡此均爲蒙古族所深以爲榮者。

　　然而隨著版圖之擴張，接踵而來的，卻是有許多實際問題必須解決，其中之一者即爲蒙古諸汗對於如此廣土之眾民將如何治之？尤其對於生活方式大不相同之漢地，將採用何種方法處之較爲適當呢？

　　吾人均知，蒙古族自來在歷史上即是北亞各游牧民族之一支，和其他活動於北亞、中亞，以至於南俄草原之若干突厥系各民族，在血緣、語言、生活習俗上均較接近，故於文化方面具有北亞游牧民族共同之傳統。而反觀居於長城以南之漢民族，大多過著以農業定居之生活，對於居氈幕、驅牛羊、逐水草生活之蒙古族，實幾近陌生，而今一旦被其征服，彼此之相處遂產生許多問題。

二、成吉思汗時期與漢文化之關係

觀之一般有關元初之史書資料，均未具體述及成吉思汗如何採行漢法，如何治理漢地。此中原因，固然是成吉思汗初起時，連年征伐，無暇顧及內政，且與漢地之接觸仍未深廣，故漢地未治，尚不致於形成內政上之一嚴重問題。

然而細究之，成吉思汗時代，其與漢法實仍有間接性之接觸。例如長春眞人邱處機和成吉思汗在雪山上之三次談道，邱處機回答成吉思汗所提許多問題，其中有關於道家之思想，使久歷戰爭之成吉思汗尤爲欽敬〔註1〕，但這並未改變成吉思汗對漢文化之態度。

另一可論者，爲耶律楚材之介紹漢文化，從元史耶律楚材傳觀之，成吉思汗頗看重此位承受中原正統文化薰陶之契丹學者。然而再一進步細究之，耶律楚材乃是成吉思汗西征花剌子模時，才正式參與軍伍〔註2〕。且其之所以受成吉思汗之重視，並非因其具有中原文化之涵養，而是因其頗知曉天文、地理、醫學等類之雜學，深得可汗之信任。諸如元史上所言：

> 西域曆人奏：「五月望，夜，月當蝕。」楚材曰：「否。」卒不蝕。
> 明年十月，楚材言：「月當蝕。」西域人曰：「不蝕。」至期果蝕八
> 分。〔註3〕

> 壬午八月長星見西方，楚材曰：「女直將易主矣！」明年，金宣宗果
> 死。〔註4〕

> 帝每征討必命楚材卜，帝亦自灼羊胛以相符應。〔註5〕

> 丙戌冬，從下靈武，諸將爭取子女金帛，楚材獨收遺書及大黃藥材。
> 既而士卒病疫，得大黃輒愈。〔註6〕

故耶律楚材尤得成吉思汗之器重，曾「指楚材謂太宗曰：『此人天賜我家，爾後軍國庶政，當悉委之。』」〔註7〕

〔註1〕參閱張星烺著：中西交通史料彙編，第五冊，九十六節，長春眞人西遊記導言，頁342。

〔註2〕參閱姚從吾著：姚從吾先生全集（四），元朝史，頁83～84，正中書局印行，民國60年4月。

〔註3〕元史卷一四六，列傳第三十三，耶律楚材，頁1652。

〔註4〕同前註。

〔註5〕同前註。

〔註6〕同前註。

〔註7〕同前註。

故吾人可知，蒙古族雖興起於成吉思汗時期，然而當時對於漢人之文化仍未有深入之了解，更遑論以漢法治理漢地。

三、窩闊台汗時期與漢法之接觸

及至太宗窩闊台汗滅金後，由於恢復漢地秩序之必要，漸形成內政上之問題，故引起如何治理漢地之爭議。而此時耶律楚材亦深得太宗之支持，遂使漢法漸得蒙古族之了解，樹立起後來忽必烈時期以漢法治理漢地之原則。元史曰：

> 太祖之世，歲有事西域，未暇經理中原，官吏多聚歛自私，貲至鉅萬，而官無儲待。近臣別迭等言：「漢人無補於國，可悉空其人以為牧地。」楚材曰：「陛下將南伐，軍需宜有所資，誠均定中原地稅、商稅、鹽、酒、鐵冶、山澤之利，歲可得銀五十萬兩，帛八萬匹，粟四十餘萬石，足以供給，何謂無補哉？」帝曰：「卿試為朕行之。」乃奏立燕京等十路徵收，課稅使凡長貳悉用士人，如陳時可、趙昉等，皆寬厚長者，極天下之選，參佐皆用省部舊人。辛卯秋，帝至雲中十路，咸進廩籍及金帛陳于庭中。帝笑謂楚材曰：「汝不去朕左右，而能使國用充足，南國之臣復有如卿者乎？」〔註8〕
>
> （太宗八年）秋七月，忽都虎以民籍至。帝議裂州縣賜親王功臣。楚材曰：「裂土分民，易生嫌隙，不如多以金帛與之。」帝曰：「已許奈何？」楚材曰：「若朝廷置吏，收其貢賦，歲終頒之，使毋擅科徵可也。」帝然其計，遂定天下賦稅。〔註9〕

然而雖有耶律楚材之極力介紹漢法，蒙古族直至憲宗蒙哥汗時代，卻仍未以漢法施行於漢地，而徘徊於以西域法或漢法治漢地之間。〔註10〕

四、忽必烈汗時期之以漢治漢

至元世祖忽必烈時期，以漢法治漢地之政策，終得付之於施行。

論及忽必烈汗對於漢地文化之接觸，固然是因時代演進及客觀環境使

〔註8〕書同前，頁1653。
〔註9〕書同前，頁1654～1655。
〔註10〕參閱札奇斯欽著：宋史論文集第四集，西域和中原文化對蒙古帝國的影響和元朝的建立，頁451。

然。但也因其與漢地文化有許多實際上之接觸所致，故使其對於漢法由深入
了解而重視、而採行。元史曰：

> 歲甲辰，帝在潛邸，思大有爲於天下。延藩府舊臣及四方文學之士，
> 問以治道。〔註11〕

此可謂忽必烈汗留心漢地情形，考慮漢法之始。

未久，忽必烈受蒙哥汗之命，派至漢地經營。使其接觸不少漢地人才，
更加認識漢地文化。元史有言：

> 歲辛亥六月，憲宗即位，同母弟，惟帝（忽必烈）最長且賢，故憲
> 宗盡屬以漠南漢地軍政庶事，遂南駐爪忽都之地。〔註12〕

後因忽必烈之分地——邢州和關隴等地施行漢法，得以大治，更使其深
知漢法之善策。元史記之曰：

> 邢州有兩達爾罕言於帝曰：「邢，吾分地也。受封之初，民萬餘戶。
> 今日減月削，才五、七百戶耳，宜選良吏撫循之。」帝從其言，承制
> 以脫不脫及張耕爲邢州安撫使，劉肅爲商榷使，邢乃大治。〔註13〕
> 癸丑受京兆分地，諸將皆築第京兆，豪侈相尚。帝即分遣使戍興元諸
> 州。又奏割河東解州鹽池，以供軍食。立從宣府於京兆，屯田鳳翔，
> 募民受鹽入粟，轉漕嘉陵。夏遣王府尚書姚樞立京兆宣撫司，以孛蘭
> 及楊惟中爲使，關隴大治。又立交錢提舉司，印鈔以佐經用。〔註14〕

自此忽必烈乃喜用漢法，且益加信任漢臣。「徵聘四方文學之士，商榷治
道。立經略司於汴，以忙哥、史天澤、楊惟中、趙璧爲吏，陳紀、楊果爲參
議。癸丑入大理，命姚樞等搜訪圖籍。歲己未夏五月駐小濮州，徵東平宋子
貞、李昶，訪問得失。」〔註15〕而漢地之臣民有些亦甚具才略，又忠貞不二，
故常採用漢臣之議。例如商挺勸忽必烈用漢法令軍中嚴符信，元史曰：

> 商挺字孟卿，曹州濟陰人。癸丑世祖在潛邸，受京兆分地，聞挺名，
> 遣使徵至。入對稱旨，字而不名。佐楊惟中治關中，兵火之餘，八
> 州十二縣，戶不滿萬。挺進賢良，黜貪暴，明尊卑，出淹滯，定規
> 程，印楮幣，頒俸祿，務農，薄稅，通其有無，期月而民安。……

〔註11〕 元史卷四，本紀第四，世祖一，頁56。
〔註12〕 同前註。
〔註13〕 同前註。
〔註14〕 同前註。
〔註15〕 同前註。

兼管懷孟，境內大治。憲宗崩，世祖北還。道遣張文謙與挺計事。
挺曰：「軍中當嚴符信，以防奸詐。」文謙急追及帝言之。世祖大悟，
罵曰：「無人爲我言此，非商孟卿幾敗大計。」速遣使至軍中立約束。
未幾阿里不哥之使至軍中，執而斬之。〔註16〕

　　另有一因，導致忽必烈重用漢臣，即是蒙古官員對當時已征服之漢地，
常有處理不當之情形發生，故非借用漢地降臣不可。例如「歲壬子帝（忽必
烈）駐桓撫間，憲宗令斷事官牙魯瓦赤與不只兒等總天下財賦於燕。視事一
日殺二十八人，其中人盜馬者，杖而釋之，偶有獻環刀者，遂追逐所杖者，
手試刀，斬之。帝責之曰：『凡死罪必詳讞而後行刑，今一日殺二十八人，必
多非辜，既杖復斬，此何刑也！』不只兒錯愕不能對。」〔註17〕

　　居於此一原因，使忽必烈決心在漢地採行漢法，並借用漢地降臣以施之。
元史曰：

至元十二年（1275）五月庚辰，詔諭新授參知政事宋降臣高達曰：「昔
我國家出征，所獲城邑，即委而去之。未嘗置兵戍守，以此連年征
伐不息。夫爭國家者，爭取土地人民而已，雖得土地而無人民，其
誰與居，今欲保守新附城璧，使百姓安業力農，蒙古人未之知也。
爾熟知其事，宜加勉旃！湖南州郡皆汝舊部曲，未歸附者何以招懷？
生民何以安業？聽汝爲之。」〔註18〕

此一段話可說明忽必烈借用漢人於漢地行漢法之態度，故元史評世祖忽必烈
曰：

至元三十一年（1294）春正月壬子朔，帝不豫，免朝賀。癸酉崩於
紫檀殿，在位三十五年，壽八十，……世祖度量弘廣，知人善任使，
信用儒術，用能以夏變夷，立經陳紀，所以爲一代之制者，規模宏
遠矣！〔註19〕

五、結　論

　　論至此，吾人可知忽必烈以蒙古大汗之地位兼領中國後，即一反蒙古帝國
往日之傳統，採取借用漢人以漢法治漢地之政策，故而成功地建立起元帝國。

〔註16〕書同前，卷一百五十九，列傳第六十四，商挺傳頁1787～1788。
〔註17〕書同前，卷四，本紀第四，世祖一，頁56。
〔註18〕書同前，卷八，本紀第八，世祖五，頁109。
〔註19〕書同前，卷十七，本紀第十七，世祖十四，頁220～221。

但是也可謂爲蒙古帝國不幸之開始，因此一措施，反而使蒙古本土日後幾變成荒寒之省分——嶺北行中書省。且在當時，亦使環於皇兄蒙哥汗周圍，主張欲以西域法治國之蒙古本位保守主義之重臣們，大爲惶恐不安。〔註20〕元史曰：

> 會西北藩王遣使入朝，謂：「本朝舊俗與漢法異，今留漢地建都邑城廓，儀文制度，遵用漢法，其故何如？」〔註21〕

蒙兀兒史記亦言：

> 蓋蒙哥汗以前四朝皆建牙如林，氈盧潼酪，一仍游牧古風，自忽必烈汗定都燕地，濡染華俗，蒙兀老成人，多不善之。〔註22〕

依此可知忽必烈之施行漢法，實頗引起蒙哥汗對其弟之不滿，未料蒙哥汗不久戰死於四川合州釣魚山下，使忽必烈在中國本土以漢法治理漢地之政策得到絕對之優勢，亦因而使欲以西域法治漢地之說法從此銷聲匿跡。

觀之史事，自古以來，一制度之施行，常有利弊兩面，當其初行時，固是針對往日之弊病，而定善策，故施之，其成效頗彰。然而時日一久，弊端漸生，反易鑄成大害，忽必烈之以漢法治漢地即是如此。亦即忽必烈此一作法，對於十三世紀之蒙古人而言，可謂並非一件有益之事，雖然此一策略使其成功地建立起元帝國，然而也因此使當時蒙古族之保守主義者，非常不滿意忽必烈之所爲，進而脫離忽必烈之統御，致使蒙古帝國之統一無法實現。〔註23〕

另一影響者，即是日後元帝國之主政者，並未再借重漢人，反而以蒙古人、色目人治理漢地，使治道日非，終於不可收拾。蒙兀兒史記論之曰：

> 治漢人當用漢法，忽必烈所知也。至元初政，八坐之中，漢人幾居其半，其人又賢，當時治績，論者至比之有唐貞觀焉，嗣時厥後左右相專用蒙兀、色目人，即平章一位，亦幾無漢人容足地，而治道日非矣！〔註24〕

此誠至確之論。

（《中國邊政》第76期，民國70年12月）

〔註20〕參閱札奇斯欽著：前引書，頁466。
〔註21〕元史卷一百二十五，列傳第十二，高智耀傳，頁1460。
〔註22〕屠寄著：蒙兀兒史記，第一冊，卷第七，本紀第六上，忽必烈汗，頁39。
〔註23〕參閱沃爾納德斯敍著，札奇斯欽譯：蒙古與俄羅斯（一），第二章，頁57～58。
〔註24〕屠寄著，前引書，第八冊，卷第一百五十九，表第七下，行省宰相，頁52。

九、故元與明在遼東之爭戰

一、前　言

　　明太祖征伐北元，勝多敗少，其未能獲全勝之原因固然很多，但其中之主因即是故元名將納哈出在遼東對於明軍之牽制，如納哈出不敗不降，則北元左臂不斷，明軍亦無由取勝於漠北，因此故元與明在遼東之爭戰，可謂為北元能否起衰轉振，明軍能否威行漠北之一大關鍵。

二、元末遼東之情勢

　　元末天下紛亂，遼東亦然，先是有元至正三年（1343）二月與六年（1346）四月，兀者野人和水達達所發動之叛亂〔註1〕，又有八年（1348）三月，鎖火奴、兀顏撥魯歡之亂事〔註2〕，以及十六年（1356）五月，高麗軍隊之侵擾。雖先後被剿平，然於十八年（1358）冬，起自河南之紅軍餘黨關先生、破頭藩率兵十餘萬從山西，入大同，掠上都，進犯遼陽，十九年（1359）正月，遼陽陷，四月，金、復、義等州亦陷。幸賴元在遼東諸將囊加歹、佛家奴、也先不花、黑驢等，合力圍攻關、藩於遼陽，迫使關、藩分為兩股逃遁，一股西走，及犯上都，一股南入高麗，中計，被高麗軍隊所敗，再入遼東，為高家奴擊之，擒破頭藩，其殘部後降於元將孛羅帖木兒〔註3〕。

　　諸此亂事，不僅破壞了元在遼東之行政體制，更因元軍在中原之節節潰敗，以及元順帝於二十八年（1366）八月北走塞外（北元時期開始），致使元

〔註1〕元史卷四一，順帝本紀四，至正三年十二月丁未條，頁473；至正六年四月壬子條，頁476。
〔註2〕書同前，至正八年三月丁酉、辛酉條，頁479、480。
〔註3〕新元史卷二六，熹宗本紀四，至正二十二年四月乙未條，頁184。

中央政府失去對遼東情勢控制之力量。地方長吏各自據地稱雄,其時「元丞相也速以餘兵遁棲大寧,遼陽行省也先不花駐兵開原,洪保保據遼陽,王哈刺不花團結兵民於復州,劉益亦以兵屯得利贏城,高家奴聚平頂山。各置部眾,多至萬餘人,少不下數千,互相雄長,無所統屬。於是也先不花與高家奴、納哈出、劉益合兵趨遼陽,洪保保拒而不納,諸軍攻破之,虜掠男女畜產,成為一空,也先不花等遂執洪保保以歸,既而釋之。」〔註4〕

三、明太祖對故元遼東諸將之招降

在此各自為雄諸將中,以納哈出勢力最強,其為成吉思汗開國功臣木華黎之後裔,自元至正十五年(1355)江南太平之役,被明太祖所擄放歸後,收集元殘兵二十餘萬,且得中書左丞相也先不花之推薦,任遼陽行省丞相。明洪武三年(1370)五月,太祖以曾示恩於納哈出,想必較易招降之,乃乘高麗軍隊入犯遼東之際〔註5〕,遣黃儔以書往諭之〔註6〕,未料納哈出得書竟置之不理。太祖遂轉而招降漢人將校,九月,再追黃儔往諭劉益,告以應昌戰役之經過,及元幼主愛猷識里達臘北奔之事〔註7〕,終使劉益於四年(1371)元月,以遼東州郡地圖並籍其軍馬錢糧之數,遣右丞董遵、僉院楊賢奉表來降。上表云:

> 聖明啓祚,實千載之遭逢,遐邇傾心,豈一夫之抗越,乃改塗而易轍,願效順以投誠。〔註8〕

太祖覽表,甚嘉其誠,即遣斷事官吳立賚詔往諭褒獎,並於得利贏城置遼東衛指揮使司,以劉益為同知指揮事。未久,劉益竟為其親元派部下所殺〔註9〕,太祖即遣馬雲往諭遼東,並祭劉益,以收服未附者之心〔註10〕。

四、故元與明在遼東之爭戰

與此同時,太祖復遣黃儔往諭納哈出,不料納哈出竟將之拘留〔註11〕。

〔註4〕畢恭撰,遼東志卷八,雜誌,頁514～515。
〔註5〕高麗史卷四二,恭愍世家五,十九年八月己巳條,頁836。
〔註6〕明太祖實錄卷五二,洪武三年五月丁巳條,頁1031。
〔註7〕書同前,卷五六,洪武三年九月乙卯條,頁1099～1100。
〔註8〕書同前,卷六一,洪武四年元月壬午條,頁1191。
〔註9〕同註4,頁515。
〔註10〕明太祖實錄卷六七,洪武四年七月辛亥條,頁1254。
〔註11〕書同前,卷六六,洪武四年六月庚戌條,頁1249～1251。

明廷乃於四年（1371）七月，開置定遼都衛，以馬雲、葉旺為都指揮使，總轄遼東諸衛軍馬，並由登、萊渡海，屯兵金州，招降故元參政葉廷秀，攻走高家奴，命靖海侯吳禎調配舟師運糧至遼東，積極加強城池防務，補充兵馬〔註12〕。

洪武五年（1372）十一月，納哈出寇遼東，劫掠牛家莊，燒倉糧十萬餘石，明軍死傷五千餘人〔註13〕。明軍自據遼東以來，所苦者即是糧餉之運輸，雖已施行屯田，然仍以海上之補給為主，乃經營遼東之所依，故此役使受損不小。而納哈出之聲勢亦因此張熾，於六年（1373）春，又犯遼陽，幸賴馬雲、葉旺等人之奮戰，屢挫其銳，迫使納哈出逃奔開原〔註14〕。明廷見遼東多事，遂積極增置衛所，以加強防務，而納哈出為求自保，乃與高麗通好，並於八年（1375）十二月，向金州、蓋州大舉入侵〔註15〕，及十年（1377）冬入犯〔註16〕，兩度均大敗而逃。但明軍並未乘勝追擊，因知其勢力仍盛，一時不易剿破，僅令遼東將士向鴨綠江、佟家江及輝發河上游一帶經略，屯田增戍，鞏固已得地區之防務，並進而招撫其他故元殘餘勢力及女真各部，以便使納哈出陷於孤立。

洪武八年（1375）、十一年（1378），北元兩位領導者愛猷識里達臘和擴廓帖木兒，先後逝世〔註17〕，致使漠北王廷內部發生變化，而在遼東之故元將校亦人心惶惶，士氣低落。故自十一年（1378）起，率部來歸者尤多，明軍亦趁此向外步步拓展，十二年（1379）六月，命都督僉事馬雲統兵征大寧〔註18〕，十一月，平大寧，次年三月，命燕王就藩北平〔註19〕。

洪武十六年（1383）四月，故元海西右丞阿魯灰內附〔註20〕，使納哈出失去西側之屏障，遮斷了與北元之聯絡線，且使其部屬之信心發生動搖。明

〔註12〕同註10。
〔註13〕書同前，卷七六，洪武五年十一月壬申條，頁1407。
〔註14〕遼東志卷五，葉旺傳，頁358～359。
〔註15〕明太祖實錄卷一○二，洪武八年十二月乙卯條，頁1727～1728。
〔註16〕書同前，卷一一九，洪武十一年八月己巳條，頁1943。
〔註17〕書同前，卷一○○，洪武八年八月己酉條，頁1703；卷一一八，洪武十一年四月辛未條，頁1927。
〔註18〕書同前，卷一二五，洪武十二年六月丁卯條，頁1999。
〔註19〕書同前，卷一二七，洪武十二年十一月庚申條，頁2028，卷一三○，洪武十三年三月壬寅條，頁2066～2067。
〔註20〕書同前，卷一五三，洪武十六年四月己亥條，頁2400。

廷見此良機不可失，遂自十八年（1385）正月起，開始積極準備征伐納哈出。
五月，命在軍都督府都督張德督海運米糧七十五萬二千二百餘石往遼東〔註
21〕，八月，命宋國公馮勝爲征虜大將軍，偕潁國公傅友德、永昌侯藍玉等率
京衛將士往北平，會諸道兵操練備邊〔註 22〕。十九年（1386）十一月開始動
員，命長興侯耿炳文率陝西都指揮使司延安等二十一衛及西安護衛官軍集結
北平待命〔註 23〕，二十年（1386）正月，命馮勝、傅友德、藍玉等統大軍二
十萬出發，太祖特諭勝等人曰：

> 虜情詭詐，未易得其虛實，汝等慎勿輕進，且駐師通州，遣人觀其
> 出沒，虜若在慶州，宜以輕騎掩其不備，若克慶州，則以全師往擣
> 金山，納哈出不意吾師之至，必可擒矣。〔註24〕

由此可知太祖甚爲重視納哈出在遼東之勢力，且欲一舉而服之，故特授諸將
以方略。二月，馮勝進至通州，五月，留兵五萬於大寧，另率軍直趨金山，
途中，納哈出之部屬多人請降，六月，納哈出被明軍圍於金山，見大勢已去，
乃降明〔註25〕。

五、結　論

　　初當納哈出據有東遼河以北之地時，西連北元，東通高麗，不獨使遼東
明軍未能有所進展，且對明軍出塞征伐北元，亦構成側面之威脅，故納哈出
之敗降，不僅使故元在遼東之殘存勢力完全崩潰，且使明軍無側顧之憂，全
力用兵於北疆，更奠定了經略東北之基礎，因此故元與明在遼東之戰，其影
響甚爲深遠。日本學者稻葉君山曾論之曰：

> 二十年夏，納前元將軍納哈出之降於金山，當時所在之處，不無反
> 側，然開原之南，皆帖者內嚮，明馭滿州之敘礎，實定於此。〔註26〕

誠爲確切之論。

（《中國邊政》第 67、68 期，民國 68 年 12 月）

〔註21〕書同前，卷一七三，洪武十八年五月己丑條，頁 2638。
〔註22〕書同前，卷一七四，洪武十八年八月庚戌條，頁 2653。
〔註23〕書同前，卷一七九，洪武十九年十一月己卯條，頁 2713。
〔註24〕書同前，卷一八〇，洪武二十年正月癸丑條，頁 2721。
〔註25〕書同前，卷一八二，洪武二十年六月丁未條，頁 2748～2750。
〔註26〕稻葉君山著，但熹譯，清朝全史，頁 8。

十、明太祖時期之海運遼餉

一、前　言

　　明太祖朱元璋擊敗反元群雄統一中國後，即全力進行討伐故元之工作。未久，隨著軍事之發展，明軍之運餉路線亦愈加遼闊。明史卷七九食貨志三漕運曰：

> 洪武元年（1368）北伐，命浙江、江西及蘇州等九府，運糧三百萬
> 石於汴梁。已而大將軍徐達令忻、惇、代、堅、台五州運糧大同。
> 中書省符下山東行省募水工發萊州洋海倉餉永平衛，其後海運餉北
> 平、遼東爲定制。其西北邊則浚開封漕餉陝西，自陝西轉餉寧夏、
> 河州。其西南令川、貴納米中鹽以省遠運，於時各路皆就近輸，得
> 利便矣。〔註1〕

故當時運餉之工作，幾乎遍及於全國各地，而其中以遼東之海運最爲艱險。

　　本文即是欲就明太祖時期之海運遼餉作一探討。

二、歷年之海運遼餉及其主事者

　　初，太祖欲招降在遼東之元將，故於洪武三年（1370）九月，先遣黃儔往諭故元遼陽行省平章劉益，告以應昌戰役之經過，及元幼主愛猷識里達臘兵敗北奔之事〔註2〕。至四年（1371）元月，劉益終以遼東州郡地圖，並籍其

〔註 1〕明史卷七九，志第五十五，食貨三漕運，頁 1915，鼎文書局印行，民國 64 年
　　　　6 月初版。
〔註 2〕明太祖實錄卷五六，洪武三年九月乙卯條，頁 1099～1100，中央研究院歷史
　　　　語言研究所影印本，民國 51 年初版。

兵馬錢糧之數，遣右丞董遵、僉院楊賢奉表來降。其上表曰：

> 聖明啓祚，實千載之遭逢，遐邇傾心，豈一夫之抗越，乃改塗而易
> 轍，願效順以投誠。〔註3〕

太祖尤嘉其誠，特遣斷事官吳立賫詔往諭褒獎，並於得利嬴城置遼東衛指揮
使司，以益爲指揮同知，明代經營遼東遂由此開始，且對遼東之運餉，亦起
於四年。

明實錄太祖洪武實錄有云：

> （洪武）五年（1372）正月，命靖海侯吳禎率舟師運糧遼東，以給
> 軍餉。〔註4〕

天下郡國利病書淮備錄云：

> 國朝洪武三年（1370），知府姚斌開淮安城東北之菊花溝以通海運。
> 是時朝廷以淮安侯華雲龍掌淮安衛事鎮淮安，以航海侯張赫、舳艫
> 侯朱壽督海運供遼、薊而已。〔註5〕

此二書述及明代對遼東之運餉，始於三年或五年，然而考之故元遼將劉益於
四年元月，始奉表來降，故明代運餉至遼東，應爲明軍進據遼東之後，即始
於洪武四年方屬合理。

且最初主事者，並非張赫、朱壽，而係吳禎。春明夢餘錄海運曰：

> 洪武四年（1371）置遼東，即發兵五萬戍遼，命鎮海侯吳禎總舟師
> 萬人由登、萊轉運，歲以爲常。禎卒，張赫繼之，二十年封爲航海
> 侯。已未，命督遼東海運，歲一行，軍食賴之，其後有朱壽者，亦
> 海運有功，封舳艫侯，歲運七十萬石。〔註6〕

自洪武四年後，隨著軍事發展之需要，屢次運糧遼東。明實錄太祖洪武
實錄曰：

> （洪武）五年（1372）正月，命靖海侯吳禎率舟師運糧遼東，以
> 給軍餉。〔註7〕

〔註3〕書同前，卷六一，洪武四年正月壬午條，頁1911。
〔註4〕書同前，卷七一，洪武五年正月甲戌條，頁1322。
〔註5〕顧炎武著，天下郡國利病書，原編第十冊，淮備錄，頁22，臺灣商務印書館
　　　印行。
〔註6〕孫承澤著，春明夢餘錄卷三七，海運，頁24，四庫全書珍本六集，臺灣商務
　　　印書館印行。
〔註7〕同註4。

（洪武）六年（1373）三月，命德慶侯廖永忠督運定遼糧儲，仍以戰衣皮鞾各二萬五千，給其軍。〔註8〕

（洪武）六年（1373）四月，詔以蘇州府糧十二萬石，由海道運赴定遼，十萬石運赴北平，以時方用兵遼左及迤北故也。〔註9〕

（洪武）七年（1374）正月，戶部言定遼諸衛，初設屯糧兵食未足，遂詔命水軍右衛指揮同知吳邁，廣洋指揮僉事陳權，率舟師出海，轉運糧儲，以備定遼邊餉。〔註10〕

從洪武八年（1375）起，以迄二十年（1387），遼東之運餉始由張赫、朱壽二人主其事〔註11〕。明史卷一三○張赫傳曰：

會遼東漕運艱，軍食後期，帝深以為慮，以赫習海運，命督海運事，久之，封航海侯，予世券。前後往來遼東十二年，凡督十運，勞勩備至，軍中賴以無乏。〔註12〕

明史卷一三二藍玉傳附朱壽傳曰：

朱壽未詳何許人，以萬戶從渡江，下江東郡邑，進總管；收常婺，克武昌，平蘇湖，轉戰南北，積功為橫海衛指揮，進都督僉事，與張赫督漕運有功，洪武二十年封舳艫侯，祿二千石。〔註13〕

然而有時亦另派他人督運，明實錄太祖洪武實錄曰：

（洪武）十八年（1385）五月，……命右軍都督府都督張德督海運糧米七十五萬二千二百餘石往遼東。〔註14〕

（洪武）二十七年（1394）二月庚寅，命江陰衛指揮僉事朱信等率軍士運糧往遼東。〔註15〕

（洪武）二十八年（1395）三月，制諭中軍都督僉事朱信充總兵官，

〔註8〕書同前，卷八○，洪武六年三月甲寅條，頁1452。
〔註9〕書同前，卷八一，洪武六年四月甲戌條，頁1457～1458。
〔註10〕書同前，卷八七，洪武七年正月乙亥條，頁1546。
〔註11〕參閱明代之漕運，清水泰次著，王崇武譯，原文載於日本昭和三年三月出版之「史學雜誌」第三十九篇第三號，譯文刊於明代經濟，頁169，學生書局印行，民國57年7月。
〔註12〕明史卷一百三十，列傳第十八張赫傳，頁3832。
〔註13〕書同前，卷一百三十二，列傳第二十藍玉傳附朱壽傳，頁3869。
〔註14〕明太祖實錄卷一七三，洪武十八年五月巳丑條，頁2638。
〔註15〕書同前，卷二三一，洪武二十七年二月庚寅條，頁3382。

前軍都督僉事宣信充副總兵，率舟運糧赴遼東，其海運大小官軍悉聽節制。〔註16〕

（洪武）二十九年（1396）三月，……命中軍都督府都督僉事朱信，前軍都督府都督僉事宣信，總神策、橫海、蘇州、太倉等四十衛，將士八萬餘人，由海道運糧至遼東，以給軍餉，凡賜鈔二十九萬九千九百二十錠。〔註17〕

故明太祖時期督海運糧餉至遼東者，計有吳禎、張赫、朱壽、廖永忠、吳邁、陳權、張德、朱信、宣信等人，其中以張赫、朱壽二人主事最久，且因積功得封為侯。

三、海運遼餉之廢止

明太祖洪武年間以海運給餉於遼東，對於當時遼東軍事之進展及防衛勢力之奠定，具有頗大之貢獻，蓋明初據有遼東後，其駐軍糧餉之獲得，幾乎全藉海運，其重要性實不可忽視。及太祖晚年，即洪武三十年（1397）十月，竟下令廢止，究其原因約有三點，一為倭寇時常劫掠海運，二為海道險阻，屢生意外，三為遼東屯田已有成效，遼餉不必再倚賴海運，故而廢之〔註18〕。

按明初方國珍、張士誠為太祖擊敗後，其餘眾逃亡海上，多與倭寇勾結為患，太祖乃行海禁政策，嚴禁民船出海，以斷倭寇糧食供應。倭寇索民船不得，乃轉而以運餉兵船為劫掠之對象，太祖曾屢諭部將須特加防備，明實錄太祖洪武實錄曰：

（洪武）十七年（1384）冬十月……命將士運糧往遼東，上諭之曰：「海道險遠，島夷出沒無常。爾等所布將校毋離部伍，務令整肅，以備之舟回登州就被巡捕倭寇，因以立功可也。〔註19〕

倭寇為患既烈，故督運糧餉至遼東者，太祖常以剿倭名將任之，例如吳禎、張赫等人即為水軍將領出身。明實錄太祖洪武實錄曰：

（洪武）七年（1374）春正月，……詔以靖海侯吳禎為總兵官，都

〔註16〕書同前，卷二三七，洪武二十八年三月戊戌條，頁3459。
〔註17〕書同前，卷二四五，洪武二十九年三月庚寅條，頁3353。
〔註18〕參閱明代海運及運河的研究，吳緝華著，頁25～34，中央研究院歷史語言研究所專刊四十三，民國50年4月。
〔註19〕明太祖實錄卷一六六，洪武十七年十月丁卯條，頁2550。

督僉事於顯爲副總兵官，領江陰廣洋橫海水軍四衛舟師出海巡捕海

寇，所統在京各衛，及太倉杭州溫台明福漳泉潮州沿海諸衛官軍，

悉聽節制。〔註20〕

明史卷一三〇張赫傳亦曰：

赫在海上久，所捕倭不可勝計，最後追寇至琉球大洋與戰，禽其魁

十八人，斬首數十級，獲倭船十餘艘，收弓刀器械無算。帝偉赫功，

命掌都指揮印，尋調興化衛，召還，擢大都督府僉事。〔註21〕

明太祖時期歷次海運糧餉至遼東，此些將領之功勞實不可沒，故運餉之

兵船往來於海道，雖有倭寇劫掠之虞，然而並未構成重大之威脅。但海道險

阻，常生意外，爲人力所難防，對海運遼餉而言，困擾尤大。明實錄太祖洪

武實錄曰：

（洪武）七年（1374）六月……初定遼衛都指揮使馬雲等運糧一萬

二千四百石，出海值暴風，覆四十餘舟，漂米四千七百餘石，溺死

官軍七百一十七人，馬四十餘疋。上聞之惻然，命有司厚恤死者之

家。〔註22〕

（洪武）十三年（1380）……十二月……戊午，登州衛指揮使司言，

海運之船涉海道，遇秋冬之時，烈風雨雪，多致覆溺，繼今運送軍需

等物及軍士家屬過海者，宜俟春月風和渡海，庶無覆溺之患，從之。

〔註23〕

（洪武）十七年（1384）五月……甲寅，上諭禮部臣曰：「近者海軍

士溺死者幾二百人，朕聞之愴然于懷。夫死生固有定數，然骨肉分

離遂至永隔，子之思父，妻之念夫，母之憶子，悲痛之情何堪。爾

禮部即下所司，令各厚恤其家。」〔註24〕

太祖有鑒於此，爲免海難再度發生，遂極力進行遼東屯田之政策，續通

考有云：

洪武十五年（1382），時饋運有溺死者，因議遼左屯田之法。〔註25〕

〔註20〕書同前，卷八七，洪武七年正月甲戌條，頁1546。

〔註21〕同註12。

〔註22〕明太祖實錄卷九〇，洪武七年六月癸丑條，頁1584。

〔註23〕書同前，卷一三四，洪武十三年十二月戊午條，頁2132。

〔註24〕書同前，卷一六二，洪武十七年五月甲寅條，頁2512。

〔註25〕十通分類總纂，卷九，賦貢九，屯田，續通考，頁13，鼎文書局印行，民國

明實錄太祖洪武實錄曰：

> （洪武）十五年（1382）五月……士卒饋運渡海有溺死者，上聞之，命羣臣議屯田之法。諭之曰：「昔遼左之地，在元爲富庶，至朕即位之二年，元臣來歸，因時任之。其時有勸復立遼陽行省者，朕以其地早寒，土曠人稀，不欲建置勞民，但立衛以兵戍之。其糧餉歲輸海上，每聞一夫有航海之行，家人懷訣別之意，然事非獲已，憂在朕心，至其復命，士卒無虞，心方釋。然近聞有溺死者，朕終夕不寐，爾等其議屯田之法，以圖長久之利。」〔註 26〕

明史卷七七食貨志一屯田亦曰：

> 又因海運餉遼有溺死者，遂益講屯政，天下衛所州縣軍民皆事墾闢矣。〔註 27〕

洪武後期，於遼東施行屯田，頗不遺餘力，洪武二十八年（1395）甚至「勅燕王帥總兵官周興出遼東塞屯田」〔註 28〕。及太祖晚年，遼東屯田已見成效，據葉向高屯政考記載，遼東屯糧於洪武年間，可年產七十萬石〔註 29〕，此數量正可補足當時遼東駐軍所需之糧餉，故太祖乃廢海運遼餉。

四、結　論

綜上論述，吾人可知太祖時期，明軍之所以能進據遼東，驅除故元在遼東之勢力，並進而經營遼東，海運遼餉實扮演頗重要之角色。雖然當時海運遼餉，常有遭倭寇劫掠及意外沉溺之困擾，但是在故元勢力未除，軍事仍須進行之際，海運遼餉勢所必行。倘其時明廷畏於海難，裹足不前，或諸將無力制服倭寇，無法完成督運之工作，則明軍在不能獲得充分補給之情勢下，能否進據遼東，經營遼東，實頗有疑問。

（《中國歷史學會史學集刊》第 13 期，民國 70 年 5 月）

64 年 1 月初版。
〔註 26〕明太祖實錄卷一四五，洪武十五年五月丁丑條，頁 2283～2284。
〔註 27〕明史卷七十七，志第五十三，食貨一屯田，頁 1884。
〔註 28〕同註 25。
〔註 29〕葉向高著，四夷考屯政考，頁 629，華文書局印行。

十一、明代經營奴兒干考

一、前　言

　　奴兒干者，爲明代經略東北最遠之地，故如就明代之疆域及邊政而言，實含有重大意義，因明廷對奴兒干之經營，僅歷成祖與宣宗兩朝，後即隨著明代國勢之衰弱，而漸脫離明廷之控制。且清朝起自東北，爲掩飾其祖先曾爲明之屬夷，乃謂「明初疆域，東盡於開原、鐵嶺、遼、瀋、海、蓋，其東北之境，全屬我朝」〔註1〕，明史爲清人所修，故於地理志上不列奴兒干都司之名，兵志雖載奴兒干都司，然亦不詳列其方位及各衛所之設置年月。其實明初東北之疆域不限於此，且曾遠及奴兒干，並設都司衛所經營之，故本文之論述，即欲對此方面作一探討。

二、東北各族之招撫

　　太祖時，故元在遼東之殘餘勢力已被消除，防務及統治力量亦已建立，及至成祖即位後，乃以此基礎，配合對蒙古用兵計劃，積極向外經略，招徠女眞各部，羈縻制馭，使之保塞不爲邊患。如有受撫來歸者，即依其部族所居，勢力之強弱大小，設立衛所城站地面，並以都指揮、指揮、千戶、百戶、鎮撫等職，授其族長酋豪，賜以勅印、財物，令自相統屬，約束各部，按時來貢。故成祖曾諭翰林學士胡廣等曰：

　　　朕非欲併其土地，蓋以此輩貪殘，自昔數爲邊患，勞動中國，至宋

────────────

〔註1〕阿桂等撰，滿洲源流考，卷一，頁2下。

歲略金幣，剝及下人膏血，卒爲大患，今既畏服來朝，則恩遇之，

從所欲授一官，量給賜賚，捐小惠以彌重患，亦不得不然。〔註2〕

三、奴兒干都司之建置

永樂七年（1409），明之招撫軍已到達黑龍江下游，並於今阿穆根河和黑龍江會流處對岸迪兒地方建置奴兒干都司。

奴兒干乃元代東征元帥府所在地，忽必烈東征樺太，西平黑龍江時，皆據此爲經略之大本營〔註3〕。至明代，先是於永樂二年（1404），設立奴兒干衛，七年（1409）閏四月，改爲奴兒干都指揮使司。明實錄言：

設奴兒干都指揮使司，初頭目忽剌冬奴等來朝，已立衛。至是，復奏其地衝要，宜立元帥府，故置都司，以東寧衛指揮康旺爲指揮同知，千戶王肇舟等爲都指揮僉事，統屬其眾，歲貢海青等物，仍設狗站遞送。〔註4〕

東夷考略云：

永樂元年（1403），遣行人邢樞招諭奴兒干諸部，野人酋長來朝，因悉境附。九年（1411）春，遣中使治巨艦，勒水軍江上，召集諸酋豪，麇以官賞，於是康旺、佟答剌哈、王肇州、璅勝哥四酋率眾降，始設奴兒干都司。〔註5〕

遼東志言：

奴兒干都司，先名遠三萬戶府，前代無考，元爲東征元帥府，國初累加招諭，永樂九年（1411）春，復遣中使率官軍駕巨船至其地，爵賚其人之來附者，設都司、都指揮三員，康旺、佟答剌哈、王肇舟以鎮撫之，間歲相沿領軍，比朝貢往來護送，率以爲常。〔註6〕

名山藏王享記曰：

東北夷海西建州，洪武初歸附，高皇帝爲設都司衛所，永樂初，成祖益遣人招諭之，於是諸夷盡附，皆置衛所授官，如洪武時。……

〔註2〕明太宗實錄卷一一三，永樂九年二月甲辰條，頁1441。
〔註3〕稻葉君山著，楊成能譯，滿洲發達史，頁106。
〔註4〕明太宗實錄卷九一，永樂七年閏四月己酉條，頁1194。
〔註5〕茅瑞徵著，東夷考略，載於謝國楨收集清初史料之二，頁39。
〔註6〕畢恭著，遼東志卷九，外夷衛所奴兒干都司條，頁546。

成祖先後爲置奴兒干都司一，建州等衛一百八十四〔註7〕

潛確類編亦曰：

> 永樂九年（1411）遣將將水軍，召集諸酋豪，餌以官賞，於是康旺、
> 佟答剌哈、王肇州、瑣勝哥四酋率眾來降。自開元迤北，因其部落
> 所居，置都司一，衛一百八十四，千戶所二十。〔註8〕

凡此之敘述，均可使吾人知於明成祖時，曾據有奴兒干之地，後二書列有衛
所名稱，且名山藏更註有建置之年月，故應屬可信。

四、永寧寺碑與永吉摩崖

關於明廷建置奴兒干都司之情形，筆者特再舉永寧寺碑及永摩崖以釋
之。

永樂十一年（1413）九月，派行人邢樞至今阿穆根河口對岸迪兒地方，
修建觀音堂，並立紀念碑於其地，此碑即是有名之永寧寺碑。其碑文曰：

> 伏聞天之德高明，故能覆幬；地之德厚，故能持載；聖人之德神聖，
> 故能悅近而服遠，博施而濟眾。洪惟我朝統一以來，天下太平五十
> 年矣。九夷八蠻□山航海，駢肩接踵，稽顙於闕庭之下者，□莫枚
> 舉。惟東北奴兒干國，道在三譯之表，其民曰吉列迷，及諸種野人
> 雜居焉。皆□□慕化未能自至，況其地不生五穀，不產布帛，畜養
> 惟狗，或野□□□□□□□□物□以捕魚爲業，食肉而衣皮，如弓
> 矢諸般衣食之艱，不勝爲言。是以□法女直國□□□恐□□□矣，
> □□而未善。永樂九年春，特遣內官亦夫哈等率官軍一千餘人，巨
> 船二十五艘，復至其國，開設奴兒干都司，□遼金時□□故業□□
> □□□□今日復見而□矣，□上□朝□□□都司□餘人□□□印信
> □□衣服□□布鈔□□而□依土立與□收集□部人民，使之自相統
> 屬。十年冬，□命中官亦夫哈等載至其國□海西抵奴兒干及海外苦
> 夷諸民，賜男婦以衣服器用，給予米穀，宴以酒食□□□懽忻，無
> 一人梗化不率者，□□□□□□擇地而建□，柔化斯民，使知敬順，
> □□□相□之□。十一年秋，卜奴兒干西有站滿涇之左，山高而秀
> 麗，先是已建觀音堂於其上，今造寺塑佛，形勢□雅，粲然可觀，

〔註7〕何喬遠著，名山藏王享記五，東北夷海西建州條，頁1。
〔註8〕陳仁錫著，潛確類編卷十四，區宇部九，四夷三，東北夷女直，頁13～14。

國之老幼，遠近濟濟，爭趨□□高□□□□□威□永無屬疫而安□
矣，既而曰亘古以來，未聞若斯朝民之□□□上忻下至吾子子孫孫
臣服，永無□意矣。以斯觀之，萬方之外，率土之民，不飢不寒，
歡□感戴矣。堯舜之治大□□□不過九州之內，今我□□□□□
□□□蠻夷戎狄不假兵威，莫不朝貢內屬。中庸曰：天之所覆，地
之所載，日月所照，霜露所墜，凡有血氣者，莫不尊親。故曰：配
天正謂我朝□□□誠無息與天同體□無尚也□盛□，故爲文以記，
庶萬年不朽云爾。永樂十一年九月□□日。……鎮國將軍都指揮同
知張旺、撫總正千戶王迷失帖、王木哈里……弗提衛指揮僉事禿稱
哈、母小彥……監造千戶金雙頂、撰碑記行人銅臺邢樞、書丹寧憲、
書蒙古字阿魯不花、書女眞字康□、鑽字匠羅泰安、來降快活城安
樂州千戶王兒卜、木答兀……都指揮同知康旺、都指揮僉事王肇舟、
佟答剌哈、經歷劉興、吏劉妙勝。〔註9〕

觀此碑文，不但使用漢、蒙古、女眞三種文字，且所記皆爲當時在事之土酋，
司知招撫軍之組織及建寺之盛況，亦說明了成祖羈縻政策之成功。

　　成祖去世後，仁宗即位，對外經略之活動，皆令停止〔註10〕，而奴兒干
都司各衛亦少有至者。至宣宗即位後，始又恢復對外經略。宣德七年（1432），
派太監亦夫哈率軍招諭奴兒干，八年（1433）春，重建永寧寺，其所刻重建
永寧寺碑文云：

……洪武間，遣使至其國而未通。永樂中，上命內官亦夫哈□□□
□大航，五至其國撫諭，□□設奴兒干都司，……宣德初，復遣太
監亦夫哈部眾再至，……七年，上命太監亦夫哈、都指揮康政，率
官軍二千，巨船五十□至，民皆如故，獨永寧寺□□基址有焉。究
□□其□人吉列□□□者，皆悚懼戰慄憂之以戮，而太監亦夫哈等，
體皇上好生□逸之意，深加□□斯民謁□□□宴以酒食□□□愈撫
□，於是人無老少，踴躍懽忻，咸嘖嘖曰：天朝有□□□之居，乃有
啓處之方，我囑無患矣。時從□□□□□□敢不優□，遂委官重造
合工塑佛，不費而□華麗典雅，復勝於先，國人無遠近皆來頓首，
□曰：我等臣服□無疑矣。以斯觀之，此我聖朝□□□□道高堯舜

〔註9〕黑龍江志稿卷六二，藝文志金石條，頁5285～5290。
〔註10〕明仁宗實錄卷一上，永樂二十二年八月丁巳條，頁13～21。

存心於天下，加意於□民，使八□四裔□士萬姓，無一飢寒者。其
太監亦夫哈、都指揮康政□能□仁厚德政治普化□□□夷□□□□
偉歟懋哉，正□聖主布德施惠非求報於百姓也，郊望禘嘗非求報於
鬼神也。山致其高，雲雨興焉；水致其深，蛟龍生焉；君子致其道
德，而福祿歸焉。是故有陰德，必有陽報；有隱行，必有昭名，此
之謂也，故為文記萬世不朽云。大明宣德八年癸丑歲季春朔日立。
欽差都知監太監亦夫哈、御馬監左少監三命內官范桂……遼東都司
都指揮康政……通事百戶康安……□□□都指揮康福、王肇舟、佟
勝、經歷孫□、吏劉觀。〔註11〕

　　另有一永吉摩崖者，遼東都司都指揮劉清自永樂十八年（1420）迄宣德
七年（1432），領兵在松花江畔造船時，曾三至其地，三刻其石。此崖在今吉
林省永吉縣境，永吉為松花江上游之起點，形勢開闊險要，歷元、明、清三
朝，皆曾於此闢廠造船，今土名猶稱船廠，掘地往往可發現鐵釘之物，乃往
日所遺者。永吉縣城東十二華里許，江邊有山，形如人耳，滿州語「阿什」（san），
意指人耳，山上之銳者曰「哈達」（hada），劉清曾勒字於此山，故又名「阿什
哈達摩崖」，至於「永吉摩崖」，乃因縣得名，實則兩者一也。此摩崖文字雖
簡，然可將其與永寧寺碑文台觀，互為印證，而更詳知明代對此地區之經營
情形。其文曰：

欽委造船總兵官驃騎將軍遼東都司都指揮使劉清，永樂十八年
（1420）領軍至此，洪熙元年領軍至此，宣德七年（1432）領軍至
此，□□設立龍王廟，□□□□年□□，宣德七年重建，宣德七年二
月吉日。〔註12〕

五、結　論

　　綜上之論述，吾人可知奴兒干地方，確曾經歷明成祖、宣宗兩朝之經營，
亦可知清人蒙蔽其事之居心。然可惜者，明廷對此地之經營，即隨著明國勢
之漸衰，而棄之。蓋設置衛所城站，授予勑印、官職，乃為為羈縻政策上之
一種形勢，仍須以經濟利益相誘，並以堅強之邊防武力為後盾，始可收德威
並用，駕馭自如之成效。無奈至宣德年間，明之財力已漸不勝諸夷貪婪索求，

〔註11〕黑龍江志稿卷六二，藝文志金石條，頁5290～5294。
〔註12〕王蘇著，庫頁島中國領土考略，頁45。

軍威亦漸不足壓制群酋諸夷，故宣宗時期，雖亦曾遣使屢至奴兒干地方，然僅為步伍乃祖遺烈，維持永樂年間邊夷來朝之盛況而已。至英宗土木之變後，明之恩威更不能及於東北，遂將此等羈縻之地棄之矣。

（《中國邊政》第 69 期，民國 69 年 3 月）

十二、明代遼東軍政與國運之關係

一、前　言

　　明代之亡，清國之興，其因固多矣，然而明軍之不振，實爲一大主因，而其中又以遼東軍隊爲最。彼時明代遼東地區在軍官暴苛貪虐之下，不僅導致屯田崩潰，士卒逃亡，甚至逃入夷部，引導內犯，形成頗爲嚴重之問題。明末，清太祖努爾哈赤興起於東北後，其勢銳不可當，明軍節節敗退，終於招致亡國之運。此一劇烈轉變之情勢，固非明人所能料及，然而吾人今就此事觀之，則明代遼東軍政與其國運，實有密切之關係。

二、遼東部伍之空虛

　　有明初建後，聲勢浩大，太祖、成祖兩代，其軍隊多精壯，遼東之軍隊亦然。但時日一久，弊病叢生，致使部伍逐漸空虛。

　　其中原因一爲遼東地處偏遠，冬季嚴寒，地蕪穀貴，駐防軍士飽受饑寒之苦，且與諸夷相鄰，時有被掠奪殺傷生命之虞。再加上待遇寡薄，不能自存，差役又重，負擔艱苦，而軍官非但不善爲撫恤，更有意逼使逃亡，以便侵扣逃兵之空額糧餉，遂使軍士大量逃亡。

　　另一原因爲，明廷常以內地衛所之軍犯謫發遼東，或將軍民死罪囚犯編成至遼東。其等一到戍所，守堡軍官以其初至，必挾有重貲，乃百般勒索，橫加凌虐，或逼使逃亡以得其財〔註1〕。而此些囚犯，大多爲亡命之徒，編發

<hr>

〔註1〕明宣宗實錄卷七三，宣德五年十二月丁亥條，頁 1708～1709，中央研究院歷

之初，即欲逃亡，故改易籍貫至衛所後，即逃遁無蹤，地方官吏亦無從查考。宣宗宣德年間，此種軍士逃亡之情形已漸趨嚴重。明宣宗實錄曰：

> 巡按山東監察御史張聰言：遼東之地，南拒倭寇，東連高麗，北控胡虜，爲國家藩籬，兵政不可不修，備禦不可不嚴，遞年軍衛頭目，耽於宴安，忽於邊務，謹陳所宜四事，一曰軍士在戍者少，亡匿者多，皆因軍官貪虐所致。其山海守關之人，不惟失於盤詰，且有容縱之私。是以卒伍曠缺，邊衛空虛。……二曰各衛官旗畏避管事，往往託以公差操備招諭等項爲由，有將百户印令總小旗署掌，又別選小旗做管營名目，挪移作弊，掊尅軍士，逼令亡匿。〔註2〕

然而明廷狃於惡習，諸事未能改善，故至中葉，遼東衛所軍士逃亡之情事更是不可收拾。明英宗實錄曰：

> 巡按山東監察史李純言遼東邊衛利病四事：一、遼東軍士往往攜家屬潛逃登州府運船及旅順等口渡船越海逃還原籍，而守把官軍受私故縱，乞嚴加禁約。一、並邊衛所軍士逃亡者多，甚至一百户所原設旗軍一百二十人者，今止存一人。……一、各衛所官吏多有受囑，將見伍精壯軍士詭稱逃亡疾廢，放免還鄉，卻發冊原籍，勾丁代役。……一、定遼等二十五衛軍器多有損壞，自來皆令軍士修整，物力不逮，乞支官庫見錢修整。〔註3〕

又曰：

> 遼東極邊，地方廣闊，軍馬眾多，糧草俱憑屯種供給，近年都司衛所官往往占種膏腴，私役軍士，虛報子粒，軍士饑寒切身，因而逃避。〔註4〕

至孝宗弘治年間，遼東各衛所之軍冊竟多移失，使軍士之逃亡更無所顧

史語言研究所影印本，民國51年。記曰：

「丁亥，勒副總兵都督方政，開平衛撫恤新軍，初，獨石置城堡，移開平衛於其中，而命政領兵守之。凡罪人應死者皆宥死，發本衛充軍，至是勒政等曰：『獨石新軍初皆犯法當死，朕不忍殺之，故令充軍，近聞管軍者悉貪暴武人，謂其初來必挾重資，遂欲奪之，無則橫加虐害，多致逃竄死之孤，朕寬宥之意，爾等善加撫恤，凡官旗有肆貪虐者，必罪之。』時遼東諸衛亦有宥死發充軍者，勒總兵官巫凱亦如之。」

〔註2〕書同前，卷一○七，宣德八年十二月庚午條，頁2400～2403。
〔註3〕明英宗實錄卷四七，正統三年十月辛未條，頁917～918。
〔註4〕書同前，卷一○八，正統八年九月戊寅條，頁2195。

忌。明孝宗實錄記載兵部尚書余子俊曰：

> 遼東各衛軍冊無存，以致逃亡日多，姦弊日出，請於南京後湖稽考
> 洪武、永樂間原冊，依式各謄一本，發各衛收貯執掌，照冊查理。
> 〔註5〕

又載鄒文盛曰：

> 遼東東聯海，西北接三衛，國初設二十五衛，垜充官軍，填實行伍，
> 因軍屯糧，積聚食糧。先年官軍十有九萬，近或逃回原籍，或潛匿
> 東山，或爲勢豪隱占，見在止有七萬之數。〔註6〕

遼東部伍空虛之情既已如此嚴重，而邊患卻又逐漸加劇，致使明軍在軍
事上有漸處於被動之勢。有識之士見及此，均深以爲憂，例如世宗嘉靖年間
監察御史齊宗道上疏曰：

> 遼東馬步官軍雖有七萬之名，其逃亡事故，老弱不堪，可借力者，
> 不滿四萬。如今年該鎮奏請添兵，則稱全遼之兵止得三萬，分爲十
> 枝，以一千二百里之邊，僅有三萬之兵。……知遼東邊患，深冬尤
> 急，倘歲煩調邊，則師老財匱，深有可慮。〔註7〕

萬曆元年（1573），兵部侍郎汪道昆巡邊至遼，見及遼東邊備之敗壞，痛
心論曰：

> 顧行伍不充，芻糧不備，舉遼東鬥士僅數千人耳。……戰陣無法，
> 技擊不精，往往殺傷過當，甚者全沒。〔註8〕

三十五年（1607）二月，遼東巡按蕭淳復條陳六事，其中論及遼東兵數曰：

> 遼兵僅止八萬，大營官軍堪戰者不滿數百。〔註9〕

至三十八年（1610），熊廷弼巡按遼東時，發現部伍不僅空虛，而兵備亦多疲
敗，不堪使用，故上奏曰：

> 全鎮軍額亡失幾半，見在軍雖八萬餘，而有馬者僅十五，軍羸馬弱
> 又十五，度人馬精壯者不過二萬有奇，除三大營已得三分之一，其
> 餘又不過一萬有奇，而以守二千數百里之邊，散於兩協守、七參將、
> 十二遊擊、二十五守備之部下，能分幾何？其步軍皆不習弓馬，間

〔註5〕明孝宗實錄卷二一，弘治元年十二月丁巳條，頁498～499。
〔註6〕書同前，卷一九五，弘治十六年正月甲午條，頁3603。
〔註7〕李輔修，全遼志卷五，藝文志上，齊宗道嚴邊防以預消虜患疏，頁39～40。
〔註8〕汪道昆著，太函集卷八七，遼東議，頁21。
〔註9〕明神宗實錄卷四四一，萬曆三十五年十二月癸未條，頁8390。

有打鳥銃者，據地按膝，手戰戰然，半晌不得入鉛藥，及其發也，
又東的西向，而不一中。一切器械皆朽鈍，平原易地，宜用輕車火
砲火鎗之屬，又置不講。〔註10〕

由上之所述，吾人可知明末遼邊之不守，實與遼東部伍之空虛有莫大之
關係。蓋以區區之兵，欲守泛泛之邊，其終致失守，乃爲可料及之事也。更
何況兵器已多壞，豈復論抗敵守邊？

三、遼東屯田之敗壞

明代遼東屯田，開始於太祖洪武十五年（1382），其時因運糧餉至遼東之
漕舟常遭海風漂沒，輸卒溺斃不少〔註11〕，且遼東戍軍日漸增多，如全賴海
運補給，明廷亦感不支，故乃令遼地各衛積極屯種，軍士七分屯種，三分戍
邏，每軍限田五十畝，租十五石，以指揮千百戶爲田官，都指揮爲總督，歲
夏秋二徵，以資官軍俸餉〔註12〕。至永樂、宣德年間，屯田成效頗著，邊有
積儲之饒，而國無運餉之費。葉向高屯政考曰：

宣德中，屯法大行，頻歲豐登，邊士一切用度，多以粟易。〔註13〕
然而私占屯田、擅役屯卒等流弊，亦多萌於此時。故至宣德晚期，膏腴之地
已多被鎮守、總兵、參將、都指揮、指揮等官占爲己業，役使軍夫爲其耕種，
所收之利益多據爲己有。使各守城軍士無力耕田，即使有餘力，亦無田可耕，
而各軍官甚至隱占軍丁，私充使令差役，稱爲「舍餘」。永樂二十二年（1424），

〔註10〕程開祜著，籌遼碩畫卷一，熊廷弼務求戰守長策疏，頁78。
〔註11〕明太祖實錄卷一四五，洪武十五年五月丁丑條，頁2283～2284。記曰：
「洪武十五年五月，……士卒饋運渡海有溺死者，上聞之，命羣臣議屯田之
法。」
明史卷七七，志第五十三，食貨一屯田，頁1884，鼎文書局，民六四年六
月初版。亦曰：「又因海運餉遼有溺死者，遂益講屯政，天下衛所州縣軍民皆
事墾闢矣。」
〔註12〕明史卷七七，志第五十三，食貨一屯田，頁1884。記曰：
「其制，移民就寬鄉，或召募，或罪徒者爲民屯，皆領之有司。而軍屯則領
之衛所。邊地，三分守城，七分屯種。內地，二分守城，八分屯種，每軍受
田五十畝爲一分，給耕牛農具，教樹植，復租賦，遣官勸輸，誅侵暴之吏。
初畝稅一斗，（洪武）三十五年定科則，軍田一分，正糧十二石，貯屯倉，聽
本軍自支，餘糧爲本衛所官軍俸糧。」
〔註13〕葉向高著，四夷考卷之八，屯政考，頁629，華文書局印行，民國58年8月
初版。

成祖曾為此事而詔告全國衛所官，「凡屯田軍士，自今不許擅差，防其農務，違者處重法」〔註14〕，宣德七年（1432），宣宗亦曾命各屯以征戍罷耕，或官豪勢要占匿者，減餘糧之半〔註15〕，但並無多大之作用。故遼東之糧餉，雖在宣德七年四月，開始施行招商納糧中鹽之法，可是鹽商在納米之際，卻多賄賂有司，彼此互相勾結，將陳腐之米納入倉中充數，使邊儲由是日漸虧損，而軍士酬薪又薄，根本無法自存，遂發生軍士大量逃匿之事。

正統之後，屯田制度流弊日漸嚴重，遼地衛所之屯田亦然。至嘉靖年間，屯田額數雖較洪武時增加逾倍，而屯糧卻反減少。究此中原因，正如前之論述，屯田名義在冊，而實際上卻吞隱於官豪將領，且因軍士逃亡、敵寇侵擾、蹂躪屯田、擄殺屯卒之影響，使遼東屯政愈加衰弛，屯田荒蕪。明臣常論及此事，諸如給事中管懷理曰：

> 屯田不興，其弊有四，疆場戒嚴，一也。牛種不給，二也。丁壯亡徙，三也。田在敵外，四也。如是而管屯者猶欲按籍增賦，非扣月糧，即按丁賠補耳。〔註16〕

戶部郎中毛泰奏曰：

> 宣德以後，屯田之法雖日寖廢，軍士猶餘四萬五千四百、而糧亦視舊不減三分之一。近被邊方多事，屯田之法盡壞，巡撫官相繼興後其數少增。……又以荒歉蠲免，歲不足七八萬之數，較倣舊制屯田之法，十不及一。故遼東三十二倉，通無兩月之儲。〔註17〕

皇明經世文編霍韜奏議曰：

> 考遼東屯田，原額糧六十萬，近年僅存二十五萬，則三十五萬之糧之田，皆入勢家奸人之橐可知也。今已僅存十九萬有奇，餘五萬皆捏稱無田虛糧。〔註18〕

明史稿食貨志亦曰：

> 初永樂時，屯軍米常溢三分之一，常操軍十九萬，以屯軍四萬供之，而受供者又得自耕邊外，軍無月糧，以是邊餉足用。及是屯軍多逃

〔註14〕明仁宗實錄卷四下，永樂二十二年十一月辛卯條，頁151。

〔註15〕同註12。

〔註16〕同註12，頁1886。

〔註17〕明憲宗實錄卷二四四，成化十九年九月戊申條，頁4139～4140。

〔註18〕皇明經世文編卷一百八十五，霍文敏（韜）集卷之四，與東瀛書，計處遼變，頁618，國聯圖書出版有限公司印行，民國53年9月初版。

亡，常操軍止八萬，皆仰給於倉，而邊外數擾，多棄不耕。〔註19〕

至神宗萬曆三十七（1609），當熊廷弼巡按遼東時，於深切了解遼東兵備與屯田後，即上「議屯田修邊疏」，論述屯田荒怠對於邊防之影響，其曰：

> 惟是屯田一節，委係瞻邊省餉第一要務。遼雖敝壞，而土最膏腴，荒蕪者多，儘可開種。……臣以為遼左籌食不足，則兵必不得，強田不墾，則食必不得，人不聚田必不得墾，屯寨不固，則人必不得聚，邊防不修，則屯寨必不得固。〔註20〕

四、結　論

明末國勢，一則流寇竄擾，社會不安，二則遼東邊患益緊，兩者互為呼應，使明軍疲於應付，無法雙面顧及，終致明京陷於流寇，國祚亡於清人。此一劇變，吾人如詳加探討，可知如明在遼軍之軍隊足以抵擋努爾哈赤之勢，則在無東顧之慮下，必可逐漸壓制流寇之亂。然而史實之發展並未如是，故令人倍覺明末遼東軍政敗壞之非，如無遼東守堡軍官貪虐，凌暴軍士，屯田荒蕪，屯糧缺乏，則軍士不致相率逃亡，使部伍空虛，而遼東邊防亦必可守，對於日漸危急之邊患，將不致窮於應付，落至被動之局面。故明代遼東軍政之演變與其國運之關係，可謂大矣。

（《中華文化復興月刊》第 14 卷第 11 期，民國 70 年 11 月）

〔註19〕 明史稿，志第五十九，食貨一，頁 258。
〔註20〕 熊廷弼著，熊襄愍公集卷一，議屯田修邊疏，頁 38。

十三、論明代遼東邊墻與邊防之關係

一、前　言

　　有明一代之國勢，受遼東邊墻演變之影響很大，故當成祖撤遷大寧防務後，英宗正統年間，所建之遼東西段邊墻，不僅具有防守之意義，且可阻斷蒙古與女眞之聯絡。然而其初建之時，卻失之成算，竟棄遼河套於不顧，遂被泰寧、朵顏、福餘三衞進據，徒增邊事許多困擾。且及至奴兒哈赤興起於遼東東邊後，明軍無法東西兼顧，致使遼事不振，節節失利，甚而亡國。此固始爲明人所未料及者，然亦可由此而知明代遼東邊墻之重要性也。

二、遼東西段邊墻與邊防之關係

　　明「太祖嘗曰：『北騎南寇，不趣大寧，即襲開平。』因屯軍置衞，以扼寇衝。」〔註 1〕故日本學者稻葉君山言：「太祖經略情形略可推知者，先封燕王於北京，使治理北方，又封韓王於開原，寧王於今喀喇沁之新城，似以控馭遼河之首尾，更封遼王於廣寧，扼東西遼河之孔道。此種設備，無非保護遼河流域之開拓，以堵韃靼女眞之內犯，其初寧王府之兵力，不獨對於遼東，爲連絡之計，西與宣府及大同之設備，亦相應援，此可考見者也。」〔註2〕依此可知洪武年間，太祖對遼東防務之佈署，乃是以大寧、開平爲外線，而以山海關、居庸關爲內線，尤其在洪武二十年（1387），置都指揮司於大寧後，

〔註 1〕顧祖禹著，讀史方輿紀要，頁 409。
〔註 2〕稻葉君山著，但燾譯，清朝全史，頁 8。

更具有重大之意義，因「大寧居遵化之北一百里，沿山海以逮獨石一墻之外，皆其地也。獨石山海離京七百里，與大寧正相等。國初建谷、寧、遼三王，與代、朔勢若搏雞，以屏藩東北。」〔註3〕至洪武二十二年（1389），設置泰寧、朵顏、福餘三衛後，大寧之地勢更形重要。續文獻通考有云：「自錦、義歷廣寧至遼河曰泰寧，自全寧抵喜峰口近宣府曰朵顏，自黃泥漥逾繙鐵嶺至開原曰福餘，……洪武時以塞外降人置此三衛，以爲大寧之屏障。」〔註4〕

然而至成祖永樂元年（1403）三月，竟將大寧都司移於保定，並徙封寧王權至南昌。學者論及此事，多謂其因乃是成祖以靖難師起，爲補充兵力，並免後顧之憂，故誘奪寧王兵，且攜朵顏三衛兵從征，事後爲賞其功，遂以大寧都司賜之。但亦有學者持質疑之言，謂大寧都司之內徙並非基於此因。關於此事，筆者姑置之不論，然而此一舉動，因大寧防務之空廢，產生莫大之影響，則爲不辯之事實。因寧王府與大寧都司，本位於熱河丘陵地帶，控扼蒙古高原與松遼平原之通道，在形勢上可西翼宣府，東屏遼左，使蒙古與女眞各部隔絕，並可監視朵顏三衛，實爲燕薊外線之屏障。如今大寧防務一撤，北疆防線因而中斷，整個國防體系亦遭破壞，不得不倚薊州爲重鎮，將原來內線之防務，變爲外線之前哨，失去東西聯屬南北控扼之作用，而朵顏三衛亦從此常踰西喇木倫河南下，自由進出於老哈河以南、長城以北地區。明史兵志云：「（成祖）封寧王於江西，而改北平行都司爲大寧都司，徙之保定。調營州五屯衛於順義、薊州、平谷、香河、三河，以大寧地分界兀良哈（朵顏三衛），自是遼東與宣大聲援阻絕。」〔註5〕皇明九邊考亦云：「國初設大寧都司屯重兵鎭之，其地繞出山後，與遼東、宣府、大同勢相連屬，自偏頭關，逾河跨西北，大虜之警，守在東勝，河套之南又有榆林，實爲六鎭，後棄大寧，移置都司於保定，而宣府、遼東勢始分矣。」〔註6〕故不僅使遼東西側防務，直接受到威脅，且大寧西側之開平衛，亦因大寧之放棄，形勢過於突出孤立，乃於宣德五年，移至獨石堡。凡此均可知成祖之移大寧，其影響實頗爲嚴重，故顧景范曾論之曰：「夫漢唐都關中，開朔方城受降，明都燕京乃廢大寧，棄開平，孰得而孰失哉？」〔註7〕又云：「明代之都燕也，當法

〔註3〕顧炎武著，天下郡國利病書卷二，北直一，周洪祖燕京論，頁1。

〔註4〕續文獻通考，卷一二九，兵考，郡國兵邊防，頁3947。

〔註5〕明史卷九十一，志六十七，兵三，邊防，頁2236。

〔註6〕魏煥著，皇明九邊考，卷一，頁9。

〔註7〕顧祖禹著，前揭書，卷十八，直隸九，頁803。

漢、唐之成算，以開平、大寧、東勝、遼陽爲河西朔方之地，而坐自削，有日蹙百里之譏。無乃與都燕之初意相刺謬乎？」〔註8〕周洪祖燕京論亦云：「神京以遼東爲左臂，宣、大爲右臂，永寧、居庸爲腦後，遼東限於山海、宣、大隔之居庸，惟大寧論失，天壽與異域爲鄰，宣府與遼東隔絕，腦後之防，蓋甚疏矣。」〔註9〕耐嚴考史錄則曰：「至是乃以大寧地盡畀三衛。……自是遼東聲援隔絕，諸夷列我險阻，闖我門庭，要我官賞，列我吏民，喜峯三屯密雲白羊僅僅收縮，譬之左臂癰腫，則上谷孤子，後背傴僂，則盧龍單薄，哽其喉吭，則遼海坐隔，抗其腦背，則陵寢警逼，失計甚矣。」〔註10〕至正統年間，明廷亦深感情勢之嚴重，故爲了保持燕京至遼東道路之通暢，也爲了防禦朵顏三衛與蒙古之入寇，乃有建築遼東西段邊墻之舉。

正統七年（1442）冬，王翱以右僉都御史往督遼東軍務，常躬出巡邊，相度地形，並擢用畢恭（時爲遼陽百戶），授以方略，經理山海關至開原之設防工作，大約從正統八年開始建築。全遼志言：「國初，畢恭守遼東，始踐山因河，編木爲垣。久之，乃易以版築，而墩台城堡，稍稍添置。」〔註11〕明史王翱傳亦云：「七年（正統）冬，提督遼東軍務。……翱乃躬行邊，起山海關抵開原，繕城垣，濬溝塹，五里爲堡，十里爲屯，使烽燧相接。」〔註12〕今究其起點，大致起於寧遠、錦州間，稍東北行，至廣寧北，再延向東南，至遼河、三岔河，因受阻於遼西，故而中斷，然後再由三岔河沿渾河左岸，繞遼陽西境北行，越渾河踰瀋陽，橫遼河，過開原西，達於昌圖北。觀其建築之位置及沿線伸展情形，似受遼河之限制，繞遼河而行，致成一凹型。此舉實頗爲失策，因將水草豐盛之遼河套置於邊墻外，必爲朵顏三衛所據〔註13〕，且遼河東西之聯絡亦隨之發生困難，使沿河城邑飽受威脅。故自此即屢有人指陳缺失，諸如憲宗成化十二年（1476），兵部侍郎馬文升受命整飭邊備，建議於三岔河地帶建造大浮橋，以利通行，使遼河東西聯爲一體，互相應援。其奏曰：「遼東地方三面受敵，故分兵三路，以備外侮。廣寧爲中路，開原、遼陽爲東路，前屯、寧遠、錦、義爲西路，遇有警急，彼此應援。臣見遼陽迤西一百六十里，廣寧迤東二百里，

〔註 8〕 顧祖禹著，前揭書，卷十，直隸序，頁 423。
〔註 9〕 同註 3。
〔註 10〕 不著撰人，耐嚴考史錄，頁 4。
〔註 11〕 李輔修，全遼志卷二，邊防志，頁 25。
〔註 12〕 明史卷一七七，列傳第六十五，王翱，頁 4700。
〔註 13〕 嚴從簡著，殊域周咨錄卷二四，女眞條，頁 1050。

有遼河一道，分界遼之東西，冰結則人馬可以通行，易於應援，或遇冰開，賊先據之，我兵雖有渡船，不能猝濟，彼此勢孤，誤事非小。正統十四年（1449）虜犯廣寧，遣兵據此，已有明驗，今請造大船十數，橫列河中，下聯鐵索，上加木板，以爲浮橋，兩岸豎大木爲柱，總繫其纜，遣兵護守，以便往來，設或有警，則東西聲勢相連，不致誤事。」〔註14〕然此議僅爲一消極彌補之策，如眞正行之，其作用畢竟有限。至成化二十三年（1487），遼東都指揮使鄧鈺提議將遼河套凹入部份向前移動，即顯得較爲積極，其奏曰：「自永樂中罷海運後，築邊墻於遼河之內，自廣寧東抵開原七百餘里，若就遼河迤西巡抵廣寧，不過四百里，以七百里邊墩堡塞移守四百里，虜若入寇，彼此易於應援。」〔註15〕並請降勒責諭朶顏三衛夷人遠離邊墻三、五百里駐牧，不如約者，即以邊將出兵征剿。未料兵部議覆，以其言雖屬之有理，然邊墻興築已久，不便輕動，且如勒令三衛遠離邊墻，恐引起邊釁，故未採行其議。至孝宗弘治六年（1493），巡按御史李善爲籌畫遼東邊事，再度針對遼東西段邊墻，論其缺失，奏曰：「臣見遼東邊墻正統二年（1437）始立，自後三衛夷人假以放牧，潛入河套間行剿掠，且邊墻阻遼河爲固，瀕河之地延亙八百餘里，土脈鹹鹵，秋修春頹，動費巨萬，夏旱水淺，不及馬腹，冬寒冰凍，如履平地，所在城堡畏賊深入，遂將良田數千萬頃棄而不佃，況道路低漥，每遇雨水，泥濘不通，倘開原有警，則錦、義、廣寧之兵，不過遙望浩嘆而已。臣詢及故老，云有陸行舊路，自廣寧抵開原約三百餘里，兼程不二日可到，地形高阜，土脈滋潤，有古顯州城池遺址猶存，爲今之計，莫若開舊路展築邊墻，起廣寧基盤山，直抵開原平頂山，移分守八百里之兵，聚守三百里之地，以錦、義爲西路，廣寧爲中路，遼陽爲東路，開原爲北路，四路聲勢相接，一路有警，則三路之兵分投應援，如常山之蛇首尾相應，如是則暫勞永逸，而九重無東顧之憂矣。」〔註16〕可知明人頗受棄遼河河套之害，極欲復其舊日道路，將邊墻向西推展，惜亦終不果行。嚴從簡「殊域周咨錄」云：「三岔河南北亙數百里，遼陽舊城在焉，木葉、白雲二山之間，即遼之北京、中京之地也。草木豐茂，更饒魚鮮。自國家委以與虜進據，腹心限隔，東西道里迂遠而守望勞費，遼人每憤憤焉。成化以來，論者率欲截取之，而屢付空談，竟不見施行者，無亦有識者，爲起釁邊方之慮乎？」

〔註14〕明憲宗實錄卷一六○，成化十二年十二月甲午條，頁 2937～2938。
〔註15〕書同前，卷二九二，成化二十三年七月丁未條，頁 4940。
〔註16〕明孝宗實錄卷七二，弘治六年二月辛亥條，頁 1351～1352。

〔註17〕至萬曆二十七年（1599），遼東巡撫李植再度力主恢復舊疆，奏曰：「舊遼陽、三岔河，……久淪夷地，隔斷內疆，是以兩河縈縈一水，脈絡阻絕，邊長難守，防禦不便。誠遼左腹心之大患，不可不去之隱憂也，且土地平衍肥饒，極堪耕種，舊城基址尚在，最易恢復，臣自入遼以來，爲遼深計，必此疆一復，東西聯守，蕃垣始固，堂奧少寧，周環八百里，邊台十有八九，而海、蓋、遼陽居然處腹裏矣，爲之何久棄而不一講耶？」〔註18〕然明廷只圖無事苟安，不願輕啓邊禍，對李植之議亦未採行。及至奴兒哈赤起兵遼東東邊，屢次犯明，明軍因遼河套棄於邊墻外，無法兼顧東西兩邊之防務，遂致頗受牽制。

　　論至此，吾人可言，明代遼東西段之邊墻，未能將遼河套包括在內，實與成祖之徙大寧都司一樣，同爲影響遼東邊防之主要敗徵，其後果是無法彌補的。

三、遼東東段邊墻與邊防之關係

　　明代遼東東段之邊墻，是爲防禦建州女眞之入犯而建，因建州女眞之擾邊由來已久。建州私志上卷有云：「永樂間，開原降虜楊木答戶者，率數百騎奔建州，已而建酋李滿住款塞求內附，駐牧蘇子河，日強盛，漸爲邊患。永樂末年，邊計漸弛，諸酋多叛去者，一歲犯邊至九十七次，殺死吏民十餘萬。宣德初，復招降諸夷，……正統中，也先猖獗，附之入寇。」〔註19〕故至正統十四年（1449），當建州衛李滿住和左衛董山兩頭目，爲也先之前鋒，侵犯遼東東邊後，即逐年發展，滋蕃戶口，年年入擾明境。成化三年（1467），明廷乃派遣提督軍務左都御史李秉，與遼東總兵官趙輔統兵剿殺董山，趙並作「平夷賦」以述其戰功〔註20〕。然而事實並非如此，依孟森先生「明元清系通紀」將李朝實錄、明實錄和平夷賦加以比證後，論之曰：「其進止皆出朝鮮本意，在明以爲朝鮮效忠，其實李猋（朝鮮國王）方欲除其西邊之患，屠滅建州，以爲久安之計，尤幸明亦動兵，適符其私願，否則縱能勝建州，尚須慮及明有責言，故以此時爲天予良機耳。朝鮮已功成身退，明兵尚未會師，明實錄於此數日內（十月初旬），亦尚未書此戰事，假使無朝鮮之戮李滿住父

〔註17〕同註13。
〔註18〕皇明經世文編第二十六冊，卷四二五，李中丞疏卷一，請留征倭將士協力剿除東虜疏，頁295～296。
〔註19〕海濱野史初輯，建州私志上卷，載於謝國楨所收清初史料之四，頁126。
〔註20〕李輔修，前揭書，卷六，藝文志下，趙輔平夷賦，頁24～25。

子，明兵進路恐未必無阻，即廣寧羈留之董山，亦恐未能放手誅戮也。故成化三年（1467）之役，明臣舖張其武功，乃享朝鮮之唾餘耳。」〔註21〕又曰：「征建州，滅建州，又復存建州，皆朝鮮自定之計畫，絕非奉朝廷之命而行，則可瞭然。趙輔之平夷賦，眞貪天之功也。」〔註22〕此雖爲後人對該役事實之考證，然而由此亦可知明軍於征董山之役中，並未獲全勝，且班師時，大雪塞途，酷寒裂膚，軍士亦多死傷。故董山被誅後，其餘燄猶熾，建州女眞仍糾合朵顏三衛屢次入寇，明廷見征而無功，乃採李秉之議，建築遼東東段之邊牆以防之，其奏曰：「建州三衛諸夷，互相連結，侵犯遼東。朝廷已命將致討，直擣其根據地，若不乘此勝利，作永久之計，則師還而寇集，不免復爲邊患。今與將軍趙輔合議，決定方略，自遼陽東趨，經鳳凰山東，以抵奉集堡，四百餘里，其地山深林密，而遼陽距鳳凰城五百里，其守備之官軍只有千人，力薄如此，將何以備不虞？今敵人既已洞明內地之虛實，則時時俱有入寇之慮，宜相度遠近，築造千戶所之城堡於廣寧、復州、蓋州三衛，各抽勁旅，置指揮二人以統率之。並增置驛站之台墩以便往來，而捷報告，如此方稱周密也。」〔註23〕依此則可知遼東東段之邊牆，實因建州女眞屢次南犯，明廷以有限之師，無法防其不定時之寇，如勞師勤遠，亦非久計，且如出師不利，反更張夷燄。故決定自鳳凰城起，經清河城北，撫順城東，設立墩台、堡壘以防之。明史張鼐傳有云：「是年（弘治十五年，1502）秋，擢右僉都御史，巡撫遼東。……築邊牆自山海關迄開原靉陽堡，凡千餘里。」〔註24〕後又隨時勢之演變，逐漸展延。全遼志宦業志云：「（張鐸）南京留守衛人，嘉靖辛丑（二十年，1541）進士，以翰林庶吉士授監察御史按遼，銳意經營，規度要害，於遼陽東邊，建江沿堡、險山、孤山、一堵墻、散羊峪五堡，開原建彭家堡、李家堡。」〔註25〕

四、遼東邊墻之殘破情形

明代既建築遼東邊牆，以防蒙古、女眞、朵顏三衛之入寇，然實僅爲一消極之作用，且時日一久，邊牆即漸形殘破。嘉靖中，監察御史齊宗道言：「遼

〔註21〕孟森著，明元清系通紀，正編卷九，頁 38。
〔註22〕同註 21。
〔註23〕明憲宗實錄卷四八，成化三年十一月丁卯條，頁 985～986。
〔註24〕明史卷一八六，列傳第七十四，張鼐，頁 4942。
〔註25〕李輔修，前揭書，卷四，宦業志，張鐸，頁 27。

東邊墻傾圮極矣，宜速如宣、大、山西之修築，高厚如其制，壕塹如其制，而封疆漸修矣。」〔註26〕巡按御史李輔亦言：「遼東地形較之各邊迥異，非有岡巒以爲之阻塞，非有關隘以爲之控扼。所以明夷夏之辨，峻出入之防者，惟恃尋仭之墻而已。頃因雨澇頻年，盡皆坍塌，致使沿邊居民，耕稼俱廢。……猾虜每每攻刼屯堡，抄掠道途。」〔註27〕故如不速加以修葺，殘破之邊墻即等於廢物。明史李承勛傳載其修邊事曰：「……（李承勛）以右副御史巡撫遼東。邊備久弛，開原尤甚，士馬纔十二，墻堡墩台圮殆盡，將土依城塹自守。城外數百里，悉爲諸部射獵地。承勛疏請修築，會世宗立，發帑銀四十餘萬兩，承勛命步將四人，各一軍守要害，身負畚插先士卒。凡爲城塹各九萬一千四百餘丈，墩堡百八十有一。招逋逃三千二百人，開屯田千五百頃。又城中固、鐵嶺，斷陰山、遼河之交，城蒲河、撫順，扼要衝，邊防甚固。」〔註28〕至萬曆元年，兵部侍郎汪道昆巡防至遼，亦派人重修邊墻，奏曰：「遼東全鎮修完城堡一百三十七座，舖城九座，關廂四座，路台、屯堡、門角、台圈、烟墩、山城一千九百三十四座，邊墻二十八萬二千三百七十三丈九尺，路壕二萬九千九百四十一丈，俱稱堅固，足堪經久。」〔註29〕但隔不久，又都傾圮不堪，當萬曆三十七年，熊廷弼巡按遼東，見及此種情形，奏云：「沿邊墩台，大半坍塌，雖有存者，又低矮，且泥土半砌，一掘即倒。每虜入必誡台軍曰：『爾勿舉烽，舉則殺爾。』台軍無以自恃，而畏見殺，往往待虜搶畢，而後敢舉，開原起慶雲堡至柴河堡三百餘里，墩台一百二三十里，皆棄不守。其甎石虜皆折去爲板升，而存者虜反據之以偵我。……每遇收斂，屯民畏入堡如入地獄。必泣曰：『與我久堡盡爲虜殺，曷若使我四散逃生者。』往往賄收斂官，以脫去爲幸。」〔註30〕又云：「自東州堡經馬根單、散羊峪、清河、一堵墻、鹹場、孤山、洒馬台、靉陽、新奠、大奠、永奠、長奠一帶城垣，多係亂石堆垛，原無灰汁灌砌。年久開裂，人足一震，石輒纍纍自下，所至倒塌，都成漫坡，門甕俱無，但存缺口。」〔註31〕故廷弼主張因地制宜，就地取材，以遼東之榆茨，構成堅厚之榆關，並欲將山海關至鎮北關長約一千

〔註26〕李輔修，前揭書，卷五，藝文志上：齊宗道，嚴邊防以預消虜患疏，頁40。

〔註27〕李輔修，前揭書，卷五，藝文志上，張邦士，修陳遼東八事疏，頁44。

〔註28〕明史卷一九九，列傳第八十七，頁5264。

〔註29〕明神宗實錄卷十五，萬曆元年七月丙申條，頁461～462。

〔註30〕程開祜著，籌遼碩畫卷一，熊廷弼務求戰守長策疏，頁78。

〔註31〕熊廷弼著，熊襄愍公集卷二，修邊舉劾疏，頁40。

四百餘里之邊墻，坍塌之邊堡烽台，在兩三年內重加修葺。計自三岔河至開原鎮北關，築墻與壕六百餘里，及東邊鄰建州界，亦修築壕墻六百八十餘里，包砌墩台九十九座，城堡十二座〔註 32〕，至此遼東始稍微可恃。然而日後隨著廷弼按遼之去留，及最後蒙冤伏誅，邊墻之修築終未能行之澈底，且當奴兒哈赤勢興後，銳不可當，屢下遼東要地，而殘破之遼東邊墻已不復具防敵之作用矣。

（《中國歷史學會史學集刊》第 12 期，民國 69 年 5 月）

〔註32〕 熊廷弼著，前揭書，頁 42。

十四、論明末遼東邊將李成梁
與奴兒哈赤興起之關係

一、前　言

　　孟子有云：「國必自伐，而後人伐之。」觀之明末遼東局勢之敗壞，實係明人自壞遼東邊防之惡果，而啓其端者，由李成梁始。蓋考其於穆宗隆慶四年（1570）任遼東總兵後，以其年輕氣盛之勢，師出多捷，邊境一時得以安定。然而時日一久，位望益隆，子弟均列高階，僕役亦多得倖，軍資馬價鹽課市賞皆入懷中，生活奢侈浮華，而其功又率在塞外，易於緣飾，故夷敵入犯，即以堅壁清野爲詞，擁兵觀望，甚而掩敗爲功，殺良民冒級。至神宗萬曆二十九年（1601），成梁以七六高齡再鎮遼東，老耄氣衰，只期無禍，遂內結權貴，外恩諸酋，助稅監高淮爲虐，搜括遼人，並棄地邊民，致使遼民走投夷方，助奴兒哈赤（即清太祖）之坐大。凡此亂因，成梁實難辭其咎。

　　現就李成梁與奴兒哈赤興起之有關事項加以探討，並祈學者先進予以教正。

二、李成梁與奴兒哈赤父祖之關係

　　李成梁與奴兒哈赤興起之關係，可溯自奴兒哈赤之父祖。黃道周博物典彙建夷考有云：

> 先是奴酋（奴兒哈赤）他失有膽略，爲建州酋王杲部將。杲屢爲邊
> 患，是時李寧遠（李成梁）爲總鎮，誘降酋父，爲寧遠嚮導討杲，

出奇兵，往返八日而擒杲。〔註1〕

王在晉三朝遼事實錄亦云：

> 先是李寧遠擣阿台，夷其巢，奴兒哈赤祖叫場，父塔失，並從征爲嚮導。〔註2〕

故奴兒哈赤之祖父覺昌安（一作覺常剛，明人作叫場或教場，即清景祖）及父親克世（一作塔石，明人作他失或塔失，即清顯祖），可謂早與成梁有來往，做其嚮導，卻死於亂軍之中。關於此事，明人多有記載，沈國元皇明從信錄建州夷酋乞陞賞條云：

> 初，奴兒哈赤祖叫場、父塔失，並從征阿台爲嚮導，死兵火。〔註3〕

程開祜籌遼碩畫建夷考曰：

> 後杲男阿台將叫場拘至伊寨，令其歸順，合黨謀犯，以報父讐，叫場不從，阿台拘留不放。大兵征剿阿台，圍寨攻急，他失因父在內，慌忙救護。混入軍中，叫場寨內燒死，他失被兵誤殺，因父子俱死。
>
> 〔註4〕

此說法乃謂奴兒哈赤父祖二人死於兵火，然而另據清太祖武皇帝實錄稱，奴兒哈赤父祖於明軍攻阿台時，因受族人尼康外郎之讒搆，被明軍所殺。其記之曰：

> 初，蘇蘇河部內禿隆城，有尼康外郎者，於癸未歲萬曆十一年，唆搆寧遠伯李成梁，攻古勒城主阿太、夏吉城主阿亥。成梁於二月，率遼陽、廣寧兵，與尼康外郎約，以號帶爲記，二路進攻。成梁親圍阿太城，命遼陽副將圍阿亥城，城中見兵至，遂棄城道，半得脫出，半被截困，遂尅其城，殺阿亥。復與成梁合兵，圍古勒城。其城倚山險，阿太禦守甚堅，屢屢親出遶城衝殺，圍兵折傷甚多，不能攻克。成梁因數尼康外郎讒搆以致折兵之罪，欲縛之，尼康外郎懼，願往招撫，即至城邊賺之曰：「天朝大兵既來，豈有釋汝班師之理，汝等不如殺阿太歸順。太師有令，若能殺阿太者，即令爲此城之主。」城中人信其言，遂殺阿太而降。成梁誘城內人出，不分

〔註1〕黃道周撰，博物典彙，第二十四卷四夷下附奴酋，頁14。
〔註2〕王在晉撰，三朝遼事實錄，總略，頁14。
〔註3〕沈國元撰，皇明從信錄卷三十六，頁25。
〔註4〕程開祜撰，籌遼碩畫，東夷奴兒哈赤考，頁2。

　　男婦老幼盡屠之。阿太妻係太祖大父李敦之女，祖覺常剛，聞古勒
　　被圍，恐孫女被陷，同子塔石往救之。既至，見大兵攻城甚急，遂
　　令塔石候於城外，獨身進城，欲攜孫女以歸，阿太不從，塔石候良
　　久，亦進城探親。及城陷，被尼康外郎唆使大明兵併殺覺常剛父子。
　　〔註5〕

但是明人之記述，卻另有一說法，謂奴兒哈赤父祖乃是爲李成梁所殺。如姚
希孟「建夷授官始末」云：

　　當王杲之敗走也，成梁等以市夷頭目叫場等爲質，遣其屬物色杲，
　　乃從五台寨中得之。已又殺叫場及其子他失，叫場、他失者，奴兒
　　哈赤之祖若父也。〔註6〕

黃道周云：

　　酋（奴兒哈赤）父既負不賞之功，寧遠相其人有反狀，恚之，以火
　　攻陰設反機，以焚之死。〔註7〕

筆者較贊同第三種說法，即李成梁見奴兒哈赤父祖雖示忠順，然仍有可能如
同其他叛酋一樣，擾亂邊情，故趁其羽毛未豐，勢力未大之時，予以殺之，
免除後患。而此種「誘此間彼，誘彼間此，專以掩殺爲事」之技倆，正是李
成梁從任險山參將，及至升任總兵以來，對付女眞諸部所慣用者。〔註8〕

三、李成梁恩撫奴兒哈赤

　　後李成梁因恐奴兒哈赤知此詳情，心生不服，故屢施恩予奴兒哈赤。王
在晉三朝遼事實錄云：

　　教場、塔失因兵火死於阿台城下，奴方十五六歲，請死，成梁哀之，
　　且虜各家勅書無所屬；悉以屬奴。奴雖得王杲勅，人多不服，乃結
　　婚北關，以資其勢，勢漸強，事中國頗恭謹。〔註9〕

黃道周博物典彙云：

　　酋父既負不賞之功，寧遠相其爲人有反狀，恚之，以火攻陰設反機，

〔註5〕清太祖武皇帝實錄，卷一，頁4上。
〔註6〕皇明經世文編第三十冊，卷五○一，姚宮詹文集，卷一，建夷授官始末，頁
　　　660。
〔註7〕同註1。
〔註8〕陳捷先著，滿洲叢考，清景顯二祖死難考實，頁64。
〔註9〕同註2。

以焚之死。時奴兒哈赤甫四歲，寧遠不能掩其功，哭之盡哀，撫奴
兒哈赤與速兒哈赤如子。奴酋稍長，讀書識字，好看三國、水滸二
傳，自謂有謀略，十六歲始出之建地。〔註10〕

程開祜籌遼碩畫云：

時，鎮守李總兵將他失屍首尋獲，查給部夷伯插領回。又將寨內所
得勅書二十道、馬二十匹給領。令奴兒哈赤繼祖父之志，仍學好忠
順。〔註11〕

姚希孟建夷授官始末言：

時，奴兒哈赤年十五六，抱成梁馬足請死，成梁憐之，不殺。留帳
下，卵翼爲養子，出入京師，每挾奴兒哈赤與俱。〔註12〕

熊廷弼亦云：

寧遠⋯⋯併殺其（奴兒哈赤）父祖，而奴酋請死，寧遠顧思各家勒
書無所屬，悉以與奴酋，且請爲龍虎將軍以寵之，於是奴酋得以號
召東方。〔註13〕

以上所引明人有關之記述，雖在奴兒哈赤之年齡及受李成梁恩撫之情形
有異，然均可使我們更加了解李成梁對奴兒哈赤實有負心之情（即殺其父
祖），故一意示恩，以安其心。而奴兒哈赤即使知其父祖之死，乃是李成梁施
以計謀所致，但因勢力尚未壯大，未敢明言要和明廷做對，僅先以尼康外郎
爲復仇之對象，繼而征服鄰近各部，擴充勢力。

四、李成梁爲虐遼東

李成梁自穆宗隆慶四年（1570）任遼東總兵後，即先後滅建州右衛王杲、
阿台父子，及北關葉赫酋逞加奴、仰加奴，並屢破土蠻，威震東疆，累功賜
封爲寧遠伯。至萬曆初年，受首輔張居正之極力獎掖，曾曰：

遼人素稱敢戰，而李將軍亦忠勇可用，故厚賞以勸之，懸利以待之，
亦致士從隗始之意也。〔註14〕

〔註10〕黃道周撰，前引書，頁15。
〔註11〕同註4。
〔註12〕同註6，頁662～663。
〔註13〕書同前，第二十九冊，卷四八○，熊經略集卷一，答友人書，頁519。
〔註14〕書同前，第二十冊，卷三二五，張江陵文集卷四，答方金湖計服三衛屬夷
　　　　書，頁489。

但至居正死後，成梁漸志滿而驕，子弟均列高階，僕役亦得榮顯，甚至將軍資馬價，監課市賞，皆納入懷中，且與諸士卒暮氣難振，殺降冒功，習以爲常，雖然御史朱應轂、給事中任應徵、僉事李珏交章抨擊之，然因成梁有內援，故得無事。〔註15〕至萬曆十九年（1591）閏二月，給事中侯先春閱視遼東，李成梁欲邀搗夷巢以建功，使副將李寧出鎮夷堡，潛襲板升，殺二百八十人，師還遇敵，死者數千人。七月，巡按山東御史胡克儉上疏，盡發李成梁之欺罔，劾其掩敗爲功。〔註16〕八月，科臣王德完亦繼而論之〔註17〕，此時李成梁所依之內援申時行、許國、王錫爵已相繼謝政、故李成梁遂去任。

　　萬曆二十九年（1601）二月，總兵馬林以忤遼東礦稅太監高淮獲罪，奉旨革職。三月，李成梁以七十六之高齡復鎮遼東，但已不能馬上殺賊，徒使武備廢弛而已。更甚者，竟與高淮相結，欺壓邊吏，橫征暴歛，盡力搜括，致使遼人苦不堪言。給事中宋一韓劾李成梁與高淮狼狽爲奸，其疏曰：

> 近聞人言，咸謂高淮之橫，實藉總兵李成梁之勢。故每見成梁，輒呼太爺，稽首俯伏。而成梁於淮，亦以兒子輩畜之。彼此以權力互援，微高淮之力，馬林必不得去，成梁必不得再來登壇，微成梁之力，高淮必不得捆載於遼，人必劓及淮之腹中。兩人深相結，遼人愈不支矣。〔註18〕

國史唯疑卷十亦曰：

> 李寧遠素習欺罔，晚年愈甚。屢以出塞爲名，所戮多僞級，時有懷挾之號。民謠曰：「帶著人頭去殺賊。」督撫科部率甘其重賄，無敢言者，或有敢戰偏裨，輒爲巧陷死。遼禍之作，大都李及稅璫高淮釀之，淮尤貪虐。〔註19〕

故於萬曆四十七年（1619）八月，當熊廷弼任遼東經略，在答遼東巡撫周永春書中云：

> 寧遠（李成梁）不獨吸盡遼人骨髓，且吸盡天下骨髓。〔註20〕

〔註15〕明史卷二三八，列傳一二六，張居正傳，頁619。
〔註16〕明代滿蒙史料，明實錄抄，滿洲篇四，明神宗實錄，卷二三八，萬曆十九年七月癸酉條，頁150～152。
〔註17〕書同前，卷二三九，萬曆十九年八月癸巳條，頁154。
〔註18〕皇明經世文篇第二十八冊，卷四六七，宋都諫疏卷一，直陳遼左受病之原疏，頁687。
〔註19〕黃景昉撰，國史唯疑卷十，頁17。
〔註20〕沈雲龍選輯，明清史料彙編二集第二冊，熊廷弼經遼書牘卷六，答周毓陽中

眞可謂至確之論。

五、李成梁棄地予奴兒哈赤

萬曆三十四年（1606）奴兒哈赤之勢力已漸趨壯大，對明廷之態度亦漸桀驁不遜，故於是年竟遣人索寬奠、新奠、永奠、大奠、長奠、張其哈喇奠子等六堡之地，此六堡乃是萬曆初年由李成梁與巡撫張學顏所開拓，經遼民三十餘年來之開墾，已成可耕之地。然而李成梁與遼東巡撫趙楫同謀，竟將鴉鶻關外，鴨綠江以西，寬奠以東之地七八百里棄與奴兒哈赤。遼陽副總兵劉應祺極力阻止，上書於楫曰：

> 今王兀堂、張其居、哈喇泊、咽咽跪等處，現有軍人屯種居住，成家樂業，原係開墾內地，並非竄入夷巢。今一旦遷徙，別尋安插，驚擾軍民，號天慟地，耳不忍聞，目不忍見。況邊方地土，尺寸是寶，口口貪狠，漸不可長，我退一步，彼必進一步，邊境損耗，國威陵替，毋論拂人情，抑且違祖制，揆理度情，大有未便。〔註21〕

可是並未改李成梁與趙楫之謀，議遂行，「其年冬，撫鎮果行文招徠，居民安土重遷，幾至激變。鎮撫必不肯中止，時已寒沍，乃復差廢弁韓宗功，率軍丁數千，粍糖馬驅逐之。焚其室廬，毀其器用；哭聲震野，有僵餒不支而死者，有渡河冰陷而死者，有不願徙而自經者。」〔註22〕可謂使遼民受盡至極之苦。而李成梁所持之理由，竟僅是免啟邊釁而已。

故於萬曆三十六年（1608）七月，兵科給事中宋一韓劾成梁與楫曰：

> 萬曆二年，巡撫張學顏會同李成梁斬驅夷虜，開拓寬奠等六城堡，廣袤八百餘里。三十年來，建夷不敢西牧，而東偏救寧，以此新疆為限也。……年來住種益多，生齒漸繁，人數大約以十萬計。……然而參貂之所市易，將官既不得牟厚利，而戎心亦頗忌之，爭擾漸起。撫鎮慮其遂開邊釁也，銳然以招撫為事。委參將韓宗功，而宗功實成梁子婿，納建酋重賄，凡種地之家，概作逃民，戶給免帖，逼還故土。……于是室廬積聚，焚略一空，膏腴復為甌脫，而失業之民往往有投虜中者矣。……我之招撫甫成，賊之踐踏隨至；我之

丞，頁 524。
〔註21〕劉若愚撰，酌中志卷二一，頁 1。
〔註22〕書同前，頁 2～3。

裁抑稍加，虜之朝貢頓阻。蟒幣增矣，家丁舊賞五百金何名？馬市
挾矣，家賠參價萬餘兩何說？我力益殫，虜氣益驕。……且不獨此
耳，靉陽、清河、撫順未經起科田土，我之舊疆也。虜既不貢，仍
每家攤派糧銀，征鮮定遼，按時充賞以爲常。夫建夷屋居糒食，得
地不過耕種，我反爲征租支給，則是虜爲地主，我爲佃户。臨邊一
帶舊疆可陰與之，其事又出割地下矣。伏乞勅下部院，將職所論趙
楫、李成梁棄地事情，選差風力御史一員，前去查勘。〔註23〕

此疏一上，明廷乃命遼東巡撫熊廷弼往勘其事，其回呈曰：

夫初告開墾之時，先納地價，又納科糧，又納賞銀緞價，爲撫夷之
用，而夷人亦忻然相安，未聞有攘奪蹂躪之者，胡一旦驅還而棄之
也？各屯住民開種已久，生長子孫，蕃衍族類。選其精銳，人可爲
兵；儲其糗糒，積可爲餉；簡而練之，進可以戰；墩而堡之，退可
以守。……而今乃曰，此原夷地，俛首下氣與之，而又借此以爲奇
功，寧不使夷人齒冷而輕我中國乎？……由是夷志益驕，而立碑之
説起矣。〔註24〕

故觀此棄地事，實則六堡之地，乃農民所開墾，且納糧起科，並非逃民，今
李成梁竟僅以恐啓邊釁爲由，棄地驅民，使奴兒哈赤坐得良田數百頃，勢力
更爲擴張。

六、結　論

　　綜觀上之所述，可知明末遼事之壞，實首壞於李成梁之手，而奴兒哈赤
之興，亦因李成梁之培植，遂致貽遼東莫大之外患，明廷傾全國之力，亦未
能挽回頹勢，凡此諸因，李成梁實難辭其咎。正如熊廷弼之所言：

國初區畫東胡，置衛三百有奇。分其部落以弱之，則其種類以間之，
使之人自爲雄，而不使之勢統於一者，何也？夷狄合則強，分則弱，
此祖宗立法深意也。昔建州諸夷若王兀堂、王杲、阿台輩嘗分矣，
而合之則自奴酋始；使之合者，則自李寧遠始。……自寧遠爲險山
參將以至總兵，誘此間彼，誘彼間此，專以掩殺爲事，諸部或絕或

〔註23〕皇明經世文編第二十八冊，卷四六七，宋都諫疏卷一，撫鎮棄地啗虜疏，頁
　　　　657。
〔註24〕程開祜撰，前引書，卷一，頁76。

散。……寧遠顧思各家勅書無所屬，悉以與奴酋，且請爲龍虎將軍以寵之，于是奴酋得以號召東方，盡收各家故地遺民，歸於一統，而建州之勢合矣。自建州之勢合，而奴酋始強，自五百道之貢賞之，而奴酋始富，得以其力遠交近攻，兼併南關、灰扒諸部，而海建烏龍江之勢又合矣。自諸部之勢合，而奴酋始敢與我爭地要盟，寧遠恐其報祖父讎，計亦不得不出於苟順，以倖旦夕之無事，而付之無可奈何矣。當奴酋之請死也，覆巢之卵，可一指搯也。熟生其羽毛，而長其爪距，縱其飛揚，而成其跋扈，寧遠不得辭其過也。〔註25〕

故奴兒哈赤之壯大，雖非李成梁當初所能料及，然而坐視其強大，甚而與之勾結，養癰貽患，引狼入室，終成亡明之大患，則李成梁之過不可辭，罪亦不可逭也。

（《東方雜誌》復刊第 14 卷第 1 期，民國 69 年 7 月）

〔註25〕 熊廷弼撰，遼中書牘卷一，答友人書，頁 5～7。

十五、戴傳賢先生對我國邊政之貢獻

一、前　言

　　戴傳賢先生爲我國現代史上傑出之政治家與思想家，其對國家諸多方面均有很大之貢獻。謝健先生於「戴季陶先生逝世二週年紀念獻詞」有曰：

> 季公在政府，除考銓制度外，注重西北、蒙藏及印緬問題，專心研
> 討。關於邊疆圖書，搜羅極富，政府遇有此類問題，必徵季公意見，
> 西北及蒙藏人士來京，亦必先詣季公，報告邊情，解決疑問。〔註1〕

故筆者欲從此一角度，論其謀國之忠誠及籌邊之遠識，以見其對我國邊政之卓越貢獻。

二、遵循國父之指示擬定邊疆政策

　　戴氏早年追隨國父，對國父之思想體系了解頗深，曾曰：「余從總理十餘年，所聞之教，以經國安邊者爲獨多，而最後涕泣垂訓之慈容，片刻不能去懷。嗚呼！微言大義，不復得親之矣！然其意猶可得而念也。」〔註2〕故矢志貫徹國父之訓示，於民國二十一年四月二十七日致蔣委員長電曰：「弟爲西北

〔註 1〕陳天賜編，戴季陶先生文存，三續編，謝健，「戴季陶先生逝世二週年紀念獻詞」，頁 295，中國國民黨黨史史料編纂委員會出版，民國 60 年 10 月出版。（以下皆簡稱文存）
〔註 2〕文存，「邊疆叢書序」，頁 295，中央文物供應社印行，民國 48 年 3 月出版。

蒙藏貢獻此身之意，早已矢之總理，遲早必完成此志，以報國家。」〔註3〕並對國父所提倡之建國計畫及邊疆政策深加重視，不僅認爲「總理所諄諄以八德詔國民，總裁蔣公復以四維勵多士者，尤爲吾人不可須臾或忽之大道」，〔註4〕且推崇「總理之實業計劃，實爲開發中國富源，拓殖中國邊疆之偉大計劃也。」〔註5〕

　　戴氏基於上述之體認，故每當向中國國民黨全國代表大會、中央全會提出議案，或擔任各該大會宣言之起草人，或向政府作具體之建議，於擬定邊疆政策時，皆能依據國父所指示平等、團結、扶植之原則，提出正確之方針。其中最足以代表其對邊疆政策之構想者，即是民國二十四年十一月二十三日，在中國國民黨第五次全國代表大會宣言中所提「重邊政，弘教化，以固國族而成統一」案。其內容如下：

> 爲實施總理民族主義之遺教，因應國家當前之環境，必須扶助國內各民族文化經濟之發展，培養其社會及家族個人自治之能力，尊重其宗教信仰與社會組織之優點，以期鞏固國家之統一，增進國族之團結。其基本實施綱領，有如下列：一曰，對於邊疆各地間與在西南各省間之民族，其一切施政綱領，以儘先爲當地土著人民謀利益爲前提。從前大會屢有鄭重之決議，必須切實奉行。二曰，自後國內蒙族、藏族、新疆回族，以及散在內地各小族，選舉代表，必須在當地有確實籍貫者，期能充分表達各族人民之情意。三曰，對於上列各地民族之教育，中央應切實制定妥善方案，而努力以謀其發展；國家對於各族之教育，必須寬籌經費，確立預算。四曰，關於上列各地之經濟建設，應取保育政策，於其原有之產業與技能，應盡量設法，使之逐漸改良，俾人民能直接獲益。五曰，政府應培養邊地人才，俾中央各機關得充分任用邊地出身之人員，以收集思廣益之效，而厚真正統一之力。〔註6〕

可見戴氏不僅關懷邊疆同胞利益與幸福，且對於建設邊疆早已有具體之方案，凡此又莫不遵循國父訓示而擬定之。

〔註3〕文存，「致蔣委員長電」，頁288。
〔註4〕文存，「致瀘定李縣長書」，頁310。
〔註5〕文存，「中國邊疆之實況序」，頁285。
〔註6〕文存，「中國國民黨第五次全國代表大會宣言」，頁1054～1055。

三、提倡研究邊疆

戴氏鑑於國人忽視邊疆，不了解邊情，曾於民國十九年八月十日撰「中國邊疆之實況序」一文，文中嘆曰：

> 訓政時期首在建設，建設之首要在民生，而吾國人士眞能發揚民生建設之眞義，並從事研究中國邊地開發與內地開發者，實屬甚鮮。
>
> 即退一步言，眞能指陳中國邊疆之實況者，亦不多見。〔註7〕

故早於民國十五年夏天，受任爲廣東大學（後改爲中山大學）校長後，即有成立東方民族院之計畫。十六年出版「青年之路」，其中第十九章對此一計畫有較詳細之敍述：

> 我們所計畫的東方民族院，……我們是孫文主義的信徒，是三民主義的信徒，在三民主義的觀念上，我們反對任何異族的壓迫。我們要恢復中華民族的繼絕世、舉廢國、治亂持危、厚往薄來的國家道德。善用我們中國民族在教育上、在學術上較爲自由的地位、能力、經濟、時間，發展東方各被壓迫民族的文化。同時借著他們的能力和知識，幫助我們許多學問上所必需的資料。第一、是在歷史上、地理上、制度上，和中國早已成爲一個共同生活體的國內諸民族，如蒙古、新疆、青海、西藏，以及南方諸省的苗蠻。第二、……這東方民族院的組織，需要許多時間的準備，本學年內沒有設立的能力，但是在文科裏面，已經著手做許多工作了；下學期我們便要開始西藏文學和哲學的研究，已經努力聘請適當的西藏學者作藏文和西藏佛教學的講師。其他類似的工作也有不少的計畫，我們希望十七年度的學年開始時，實現這一個組織。〔註8〕

由於我中華民族除漢族外，另包括邊疆地區滿、回、蒙、藏、苗、傜等族，皆負有同心協力建設中國之任務，故戴氏欲從教育方面著手，促進彼此之了解與團結，提出成立東方民族院之構想，並付諸實行。惟次年年底，國民革命軍北伐成功，全國統一，開始實施訓政，戴氏改任考試院院長，以致東方民族院之計畫終未實現。

至民國十九年，戴氏爲促進邊疆各族文化之溝通，加強亞洲各民族之團

〔註7〕文存，「中國邊疆之實況序」，頁285～286。

〔註8〕陳天錫著，戴季陶先生的生平，「先生與邊政」，頁513，臺灣商務印書館印行，民國57年5月出版。

結，又於南京發起組織「新亞細亞學會」。翌年十二月十五日，擬訂學會研究
工作綱領五條，其中第一條稱：

> 新亞細亞學會，是確實信行三民主義，以復興中華民族、發揚亞洲
> 文化為目的之同志所結合。其事業範圍如下：（一）研究亞洲各民族
> 之歷史、地理、政治、社會、宗教、藝術、文字語言、物產經濟等
> 學術，並發行定期、不定期刊物。（二）為發展國內各民族之文化，
> 經營特殊教育事業、經濟事業、社會事業，並為來內地求學之學生
> 謀各種便利，對於邊地及內地人民之交通往來，特為之盡力幫助，
> 以求達到中國文化、民族之融洽統一，而鞏固民國之基礎。〔註9〕

民國二十一年四月一日，新亞細亞學會在戴氏呼籲並積極策畫下，終於
成立。當天戴氏主持成立儀式，四方賢士、學者、專家多達數百人，其中以
邊籍人士最多。戴氏並在南京市內購地若干畝，擬作為建築學會會所之用，
且定期出版學會月刊及叢書。二十四年十月，更擬開辦蒙藏回語文學校，其
構想為「先辦一種普通講習班，漸次使之固定成一學校，預備十年內完成一
高等專門學校，專研蒙、藏、回、暹羅、緬甸等語言，及其高深之文學、哲
學、歷史、地理等，即當年在中山大學時，所定東方民族院之計畫」。〔註10〕
至二十五年二月二十一日，戴氏對於新亞細亞學會之工作，又有幾項要點之
指示，其中一項曰：

> 學會事業必須經營人事部，凡邊地來內地求學遊歷而無人招待者，
> 本部以親切、方便、節省之法，為之照拂一切。內地之往藏、蒙、
> 青、康、新疆，乃至國外亞洲各地者亦然。俟辦有成效時，再著手
> 於貨物介紹、事業介紹之經營。〔註11〕

是時戴氏以學會會所過於狹小，擬予擴建，並「同時建一邊疆文化陳列館，
公開展覽」。〔註12〕

新亞細亞學會之業務，在戴氏熱心推展下，不僅增進國內各民族間之了解，
促進國人對邊疆之研究。其學會月刊之發行，亦自民國二十一年開始至二十六
年六月，共出版六十餘期；出版叢書有三、四十冊；會員人數逐年增加，會所

〔註 9〕 文存，「新亞細亞學會綱領」，頁 930。
〔註 10〕 陳天錫著，戴季陶先生的生平，頁 519。
〔註 11〕 文存，「新亞細亞月刊前途之工作要點」，頁 933。
〔註 12〕 註同前。

亦完成部分擴建工程。〔註13〕惜二十六年七七事變，抗日戰爭開始，於人力、財力艱難之情況下，學會工作皆告停頓。至三十四年八月，我政府雖獲勝利，然而時局尚不穩定；未幾，政府播遷，戴氏亦隨即逝世，致使此一研究邊疆之學術團體，遂告解散，甚是可惜。

　　戴氏提倡研究邊疆，並不僅限於成立新亞細亞學會而已，亦屢於文章、書信中，強調研究邊疆之重要。如民國二十三年七月，撰「清代邊政通考序」曰：

> 藩屬之剪伐殆盡，若黑龍江沿海諸地，若新疆西部哥薩諸部落，若西藏、西南各地，皆由當國者不明大勢，不知疆域而喪失者也。……近十餘年來，外力之壓迫愈趨嚴重，外蒙既失，東北又喪，內蒙、新疆岌岌不可終日。國勢既若此矣，而國人之於邊政，或則視若不急之圖；或知其重要矣，而不明現況，不悉史實，不通大體；所言所行，往往適與國家民族之所要求者相反。嗟乎！危矣殆哉。〔註14〕

此一沉痛之感慨，不僅表達其對國家邊地情勢發展之關心，且提醒國人應加強了解邊疆。故同一序文中，戴氏復曰：「尤望當代專門名家，各就所研究之學，以致力於邊疆各地諸般制度文物之考求」。〔註15〕二十七年六月二十八日，「致朱騮先先生書」亦曰：

> 弟以為應趕速在西康之適當地點，設立三種最基本之研究所，並集國內之頭等人才為主，以作確實之研究基本。三研究所云者，第一天文氣象，第二地質，第三生物。……若能成就此計畫，其利國福民、扶助邊民者，斷非算數所能知之，蓋一切實用科學之研究與事業之興起，皆須以此為始也。〔註16〕

可見戴氏對於邊疆相當重視，並望國人亦能注意邊疆、研究邊疆，更進而藉之以建設邊疆。

四、關切邊疆同胞之福祉

　　戴氏關切邊疆同胞福祉之心意頗為崇高，不僅有誠意，而且有理想，曾曰：

〔註13〕陳天錫著，戴季陶先生的生平，頁521。
〔註14〕文存，「清代邊政通考序」，頁300～311。
〔註15〕文存，「清代邊政通考序」，頁301。
〔註16〕文存，「致朱騮先先生書」，頁312。

賢個人宗旨，對於邊地人民，除盡力為之謀和平幸福，與由和平方
法而求得文化進步外，別無他念。〔註17〕

故每於函電中，不忘論及邊地人民之利益。民國二十二年三月二十一日，「覆
青海馬主席暨各委員電」曰：

貴省地屬邊疆，尤望事事以當地土著人民之利益為前提，順古聖庶
富教之程序，遵總理首要在民生之遺教，切實奉行，庶幾生聚教訓，
雪恥有日。〔註18〕

二十七年二月九日，「致教育部陳部長書」亦曰：

治邊根本政策，亦須依據過去中央屢次議決案，重新釐定，實踐儘
先為當地土著人民謀利益之方針。〔註19〕

由於邊疆地處荒寒，開發不易，當地同胞之生活向來均較艱困，故戴氏
常提醒有關部門之主事者，以改善其生活，增進其福利為首要。認為「一切
關於邊地之施設，必須以儘先為當地土者人民謀利益為前提」〔註20〕，「只須
時時事事，不忘與當地人民合作，以為當地人謀利益、求幸福為心，一切計
畫，皆以此旨為基礎」。〔註21〕戴氏為一言出必行之人，故當民國二十七年四
月至九月，政府派其前往西康甘孜致祭班禪大師時，其全部行程，即顧及「凡
一切措施，皆能適應邊人心理。例如邊地苦無醫藥，每到一處，施醫施藥，
從不空過。當地人民支應牲畜，照例給價之外，另予獎賞。照料牲畜人民，
特加賜予，慰其辛勞。每到交替之處，其受替之騾馬，並優給草料。對於各
縣治聚落，以及寺院僧眾各業人民，捐助賞賚，各應其宜。或為獎學基金，
或為慈善基金，或為贈置書籍儀器，或為補助學生文具，或為敬老卹貧，或
為造橋修路，或為醫藥經費，或為寺院布施。每視其地其時之需要，定其用
途。因此所到之地，仰望丰采者，為之塞途，甚或焚香頂禮，視若天神」。〔註
22〕戴氏此種誠摯關切邊疆同胞之心意，相對地亦深獲邊疆同胞之感激與愛
戴。盧毓駿先生撰「我從工程角度了解戴故院長季陶先生」有曰：

〔註17〕 文存，「對羅廣瀛君密呈之所見」，頁303。
〔註18〕 文存，續編，「覆青海馬主席暨各委員電」，頁170，中國國民黨黨史史料編纂
委員會出版，民國56年5月出版。
〔註19〕 文存，「致教育部陳部長書」，頁305。
〔註20〕 文存，「康導週刊序」，頁314。
〔註21〕 文存，「致農林部林次長書」，頁324。
〔註22〕 陳天錫著，增訂戴季陶先生編年傳記，頁212，作者出版，民國56年3月再
版。

我還記得先生有一次到西康的時候，康藏人士聽到先生西來，結隊飛馬，不遠千里，來相迎迓。他們衷誠敬仰先生的表現，真使我歷久難忘。蒙藏新疆來京人士，沒有一個不造詣先生，先生也無不盡力幫助他們解決困難，邊胞熱誠的愛戴先生，可說是始終如一。〔註23〕

五、培養邊疆人才

建設邊疆、治理邊疆，尤其需要邊疆當地之人才，故戴氏非常重視對邊疆人才之培養。初於民國十五年，戴氏主持中山大學時，即有設立東方民族院之計畫。十六年，特別委託駐西康之川軍總司令劉禹九，代招康藏地區願赴內地求學之青年赴粵，食宿雜費全由政府負擔。後來，東方民族院之計畫，隨著戴氏之另就他職而未能實現。但是劉禹九自受託後，即很熱誠協助，使第一期學生於十七年底到達南京。戴氏乃建議中央，在中央黨務學校附設特別班，收之入學，是為邊地學生就學中央黨務學校之治。十八年，中央黨務學校改制為中央政治學校。十九年，附設蒙藏學校。二十年，改為邊疆學校，並在綏遠包頭、甘肅酒泉、青海西寧、西康康定、雲南大理設立分校。羅家倫先生撰「我所認識的戴季陶先生」，曾憶及此事曰：

> 還有一件有關邊疆教育的事件，我想也應該在此一提。在黨校初期，為了邊疆青年升學的便利，曾附設一個蒙藏補習班，是臨時性的。後來同仁們都感覺到這個班很有意義，應當保持和擴充，於是我綜合大家的意見，在校務委員會中提出一個方案，將該班改為附設蒙藏學校，這方案經季陶先生和陳果夫先生積極支持而成立。過了兩年，我們感覺邊患日亟，於是由我大膽的再擬一方案，將此校在邊疆各適當地點成立分校五處，定名為中央政治學校附設蒙藏學校邊疆分校：一在綏遠的包頭，為附近內外蒙青年求學便利；一在甘肅的酒泉，為河西和新疆青年求學便利；一在青海的西寧，為青海及隴西一帶青年求學便利；一在西康的康定，為康藏青年求學便利；一在雲南的大理，為滇西各省青年求學便利。這計畫是相當大而費錢的，我首先面交季陶先生審查，並加以說明。他看了興奮異常，尤其贊成我選擇的地點。在抗戰以前，這計畫已經次第實行，受過這本分各校教育的邊疆青年

〔註23〕文存，三續編，盧毓駿，「我從工程角度了解戴故院長季陶先生」，頁312。

有好幾千人。沒有季陶先生的贊助，和陳果夫先生的籌劃經費，在當時情形之下，可以說是很難完成。〔註24〕

當時邊疆子弟負笈來京者，雖然日漸增多，但是戴氏仍然儘量使其皆有來京入學之機會。民國二十四年八月十二日，「致何玉書主任書」曰：

> 西康女生劉筠如、穆梓樟、王亞強、王格廉、羅茂科，男生賴筱銓，
> 特來京求學，欲投考本校（中央政治學校）蒙藏學校，不識本期是
> 否可收錄遠來求學之人，總望勿令其失望失學。且西康開發，需才
> 孔殷，尤宜多事培植也。〔註25〕

戴氏不僅歡迎這些學生，並曾依漢唐舊制，為渠等立學名，倚聲為姓，彰德立名，康藏學生以「西」字為誌，新疆學生以「新」字為識。同年十一月，戴氏撰「為第二期新疆纏回學生倣漢唐易名舊制易名文」，論及此舉之用意，在於：

> 原我中華諸姓，本為古之諸族，亦猶今日滿、蒙、回、藏民族之殊
> 別也。及乎往來既通，文字既同，良風美俗，亦復交互相融。於是
> 乃相忘於無形，舊之以民族各自立國者，遂一變而為大同天下之一
> 小體，徵之歷史，彰彰然可考也。……蓋以便諸生將來雖千里相隔，
> 職業各殊，亦得因姓名而互知其為京華學侶，且以子子孫孫傳之萬
> 世，為開國之新民，造大同之始基也。〔註26〕

可知其對邊疆青年之期許頗為殷切，並儘量予以禮遇。二十四年九月一日，「致黃慕松先生書」曰：

> 昨日承領導新疆來學諸生相見，至以為快。敬如命為諸生題成學名
> 十七份，另每人贈以筆四枝，孝經碑鼎紀念墨兩方，敬祈代為派人
> 發給，聊表希望諸生百行成就之意耳。〔註27〕

戴氏認為中央已招來之蒙藏學校學生，宜特別優遇，不可令其感覺薄於本科生。斯皆各處良家子弟，志氣不凡者，其關係甚不小也，故其關懷之意，既誠懇又親切。盧毓駿先生撰「孝園先生親炙瑣憶」曰：

> 先生（戴傳賢）對於邊疆民族甚為關懷，凡蒙藏回等學生之來京求

〔註24〕 文存，三續編，羅家倫，「我所認識的戴季陶先生」，頁 337。
〔註25〕 文存，「致何玉書主任書」，頁 703。
〔註26〕 文存，「為第二期新疆纏回學生倣漢唐易名舊制易名文」，頁 1385～1386。
〔註27〕 文存，「致黃慕松先生書」，頁 301。

> 學者，輒先謁先生，先生亦常斥私資以援助之，班禪大師、章嘉大
> 師固時為座上客也。〔註28〕

誠為至確之敘述。

培養邊疆人才，除設立蒙藏學校，招其至內地求學外，另一可行之辦法，即是提供教育設備與書籍給邊疆地區之教育機關。是時，戴氏即曾贈書予青海省圖書館。吾人由此一贈書之過程，益可見其對培養邊疆人才之重視。先是於二十三年三月三十一日，戴氏「致青海馬主席書」曰：

> 在青時曾允贈青海省以圖書館之基本書籍，歸後專請專家數人，從
> 事編製目錄，著手搜購。約得新舊可供研究之必要書籍一萬數千冊、
> 四萬卷左右。以青海目前學術界情況，似乎勉可數參考之用。惟所
> 求以實用為主，不敢如藏書家之搜求善本，一頁之書，捨財百金之
> 豪舉。僅以能供用為目的，故書較多而價並不昂。然浙、粵、金陵、
> 上海新刊之版亦大約應有盡有。一俟清理妥善，將目錄印好，便派
> 員連同各種微物（連局版在內，贈政軍學教及地方王公千百戶之禮
> 物），一併運青，屆時或將請先生派人於蘭州照料。分配之時，並懇
> 先生及政府諸公代為費神，是所心感。〔註29〕

至六月，搜購圖書及編訂目錄告一段落，戴氏即於中旬托人運往青海西寧，並撰「編訂贈送青海圖書館圖書目錄序」，表示「切望青海省政府與民間熱心教育學術諸先生，鑒於圖書館事業之重要，銳志建設，則此區區之微忱，或足以為促進之一助耳。」〔註30〕由於青海省距離遙遠，轉運書籍相當艱鉅。故至九月二十五日，戴氏「覆黎雨民先生電」，始提及「所捐西寧省圖書館及蒙藏學院書籍萬餘冊，已專人送到」。〔註31〕

位處邊疆地區之圖書館，能獲得戴氏所贈萬餘冊圖書，自是可充實藏書，且對促進當地學術交流與發展，必然有所幫助。故是時戴氏贈書予青海省一事，竟引起邊疆各省之注意，如甘肅省即來索贈書，奈戴氏財力有限，於二十三年七月十九日「致甘肅教育廳水廳長書」曰：

> 西北各學校藏書太少，教學均感不足，歸後極欲言於中央，增加邊

〔註28〕 文存，三續編，盧毓駿，「孝園先生親炙瑣憶」，頁 205。
〔註29〕 文存，「致青海馬主席書」，頁 1519。
〔註30〕 文存，「編訂贈送青海圖書館圖書目錄序」，頁 1380～1381。
〔註31〕 文存，續編，「覆黎雨民先生電」，頁 249。

省教育學術設備，徐俟機緣，必有以報。青海較甘肅更貧而遠，聊
贈書若干，以爲之倡，明知其非私人力所能勝，亦不顧也。甘省本
欲略有所贈，以報春間之擾，重以尊囑，敢不勉力。然蟻負泰山，
早已力竭，兼以蘭州文華舊地，益非賢私人捐贈所能爲功。敬奉寄
新印圖書集成一部，以達雅意，而作今春西行之紀念。若夫發展甘
省圖書之計畫，惟有望於中央與地方耳。〔註32〕

由此一信函可知，戴氏雖以財力有限，無法比照青海省贈送大批圖書，但是
其對充實邊疆地區圖書之心意，則始終如一。二十四年一月十五日，戴氏「覆
蔣委員長電」，亦曰：

西寧士紳馬幹臣等創設國文學校，似宜予以補助，惟先不宜多，於
金錢外，可贈以書籍，以後視其成績，再酌量增加款項，似爲妥洽。
惟辦法似應一視同仁，不宜單以漢人爲限。〔註33〕

六、任用邊疆人才

　　戴氏深知培育邊疆人才之不易，故屢次建議有關單位，應多任用邊疆人
才，以促進邊疆建設。例如民國二十四年八月二十日，於其考試院長任內，
曾公布「高等考試首都普通考試邊區應考人從寬錄取暫行辦法」。〔註34〕而最
足以代表戴氏此方面之建言者，乃是民國三十一年七月二十一日的「對於邊
疆問題之指示」一文曰：

邊疆問題，千頭萬緒，邊政措施，百端待舉，然提綱挈領，要亦不
外三事。……一曰選拔邊疆人才，以鼓舞邊民之事業心。……就選
拔邊疆人才言，最要者，莫如羅致各部族優秀份子，賦予適當工作，
俾發揮邊地人民之特長，並激發其事業心，使能自動爲事業而努力。
在昔漢唐盛時，對於邊疆英俊，多能量才器使，如金日磾、哥舒翰、
僕固懷恩、渾瑊之輩，入爲心膂，出作股肱，咸有勳績，垂聲後世。
今之邊疆人才，寧不如昔，徒以選拔乖方，任使乏術，羅致則慕其
名而不考其實，引用則予以位而不授以事。以致國家有才難之嘆，
而邊才失發展之機。敵僞奸黨，遂得踏隙抵瑕，肆其煽惑，動搖人

〔註32〕 文存，「致甘肅教育廳水廳長書」，頁 1528。
〔註33〕 文存，續編，「覆蔣委員長電」，頁 172。
〔註34〕 國民政府公報，民國三十四年八月二十日，院令，第一八二六號。

心，擾亂地方，邊疆多故，半由於此。今後中央及地方黨政軍教各
機關，對於邊疆人才，務須留心訪察，凡屬忠勇才智之士，應隨時
薦引，引用之後，立即賦予具體工作，並按其成績，予以獎拔。使
其在工作中增加經驗，從事業中發生興趣，萬不可稍存利用心理，
予以特殊待遇，徒提高其物質慾望，使其沾染養尊處優之惡習，喪
失剛勁勤勞之特性。用人如此，吸收黨員亦然，在邊疆徵收一黨員，
即須賦予一種實際工作，使與黨發生密切關係。如其不能爲黨工作，
則寧可暫勿徵收，否則黨員與非黨員並無差異，何貴乎有此黨員？
且如濫加吸收，將使人視入黨爲無關輕重，而失去對黨之信仰。此
寧缺勿濫，實事求是之作風，雖似迂緩，但持之數年，成效必有可
觀。而欲以邊疆人才，推動邊疆事業，舍此實亦無其他途徑可循。
〔註35〕

此一段話，不僅論及加強薦引邊疆人才，且須賦予實際工作，誠爲至確之論。

　　戴氏倡議以邊疆人才來推動邊疆事業，促進邊疆建設，本意頗爲誠摯，
故遇有邊疆人才不幸逝世，皆表示由衷之惋惜與哀悼。民國十九年六月一日，
撰「劉通西君著藏文初階序」曰：

劉生通西，西康巴塘人，畢業於藏文學校、華西初中，及成都二十
四軍所辦之軍事政治學校，民國十八年春，來學京師。余介紹入中
央政治學校，聰明英俊，且復肯潛心學問，刻苦逾常人，余深期望
之，而不圖竟以勤學死，嗟乎惜哉。〔註36〕

又如三十六年五月五日，「致拉卜楞菩提法苑諸大德電」曰：

第五世嘉木樣禪師，智慧圓融，夙根深厚，昔年班禪大師每致讚嘆。
自赴藏潛修，期滿回寺，益暢宗風，一方蒙福，遽因微疾，顯示無
常，接讀訃音，曷勝悲悼。〔註37〕

　　戴氏平日以避嫌之故，素不推薦任何人以就官職，然對邊疆人才之提拔，
卻表現得非常誠懇與熱心。民國二十三年八月二十九日，「致蔣委員長電」曰：

新疆蒙王敏珠策旺多濟來京，即往廬山晉謁。此人之父，昔年留學
日本士官，其本人曾留學帝俄陸軍貴冑大學。請詳細考察，酌量予

〔註35〕文存，「對於邊疆問題之指示」，頁325～326。
〔註36〕文存，「劉通西君著藏文初階序」，頁1348。
〔註37〕文存，續編，「致拉卜楞菩提法苑」，頁253。

以軍職，將來於邊疆軍事，或不爲無用。〔註38〕

顯見其頗願推薦邊疆人才，以爲國用。馬洪煥先生撰「我對戴季陶先生的敬慕」有曰：

> 記得本黨第五次全國代表大會後一天，他（戴氏）對我說：我（戴氏）原籍一縣，即有中央委員七人，未免過份。我寧願自己放棄，亦必提邊疆領袖們爲中央委員，爲國府委員。世人多只知眼光向內，而忽略邊疆，如果我不爲他們在中央主張扶植提携，則我中央國府將不成爲全國一致之中樞了。所以儘管有少數人不明白此中道理，怪我多事，但我是完全爲公而非爲私，到後來不求解釋，亦能瞭然。
> 〔註39〕

此種胸襟與遠見，實非常人能比，而其爲國家前途著想，寧願犧牲自己之權益，更令人敬佩。

七、慎選治邊人才

戴氏從我國歷代開發邊疆之得失中，深知治邊人才是否恰當，關係邊政之良窳至深且鉅，故其認爲選派治邊人才，尤須謹愼。民國二十七年二月九日「致教育部陳部長書」曰：

> 治邊根本政策，亦須依據過去中央屢次議決案，重新釐定，實踐儘先爲當地土著人民謀利益之方針。而派赴邊地之人員，更必須爲才德兼備，悲智雙運，文武併轄之頭等人才，否則無論中央費幾許人力、物力，而結果恐反召離心之果。蒙、新、寧、青、康、藏、甘邊、滇邊莫不皆然。……吾人鑑於過去之亂，更考今日國際形勢、國內情形，益知此時對於邊地之政策，以絕對愼重爲第一。中央以不輕派人爲原則，若不得已而派員，必須選擇老成忠厚，不急功利，不騖虛名，識大體、重行誼者爲良。總期以行修品端，表率邊民，不可以小智小策，使年青者蹈內地之覆轍，年老者生輕厭之感想。往古蘇東坡先生之在瓊崖，韓退之先生之在潮州，王陽明先生之在龍場，近代林文忠公之在新疆，類皆謫居遠放，而皆能爲當地造百

〔註38〕文存，續編，「致蔣委員長電」，頁172。
〔註39〕文存，三續編，馬洪煥，「我對戴季陶先生的敬慕」，頁194。

年福德，留千載去思，其故可深長思矣。〔註40〕

由於邊地向來人事紛雜，中央派員前往，固以識大體、重行誼者爲佳。二十七年十月，「覆朱秘書長電」亦曰：

> 地方黨政軍，非不得已時，總以一致爲善。子香精強，頗肯努力向上，若領導得人，足爲西北屏藩，……至其餘派往之人，總須誠實，蓋邊事不能多所變動，以持重爲第一要著故也。〔註41〕

此爲其選派治邊人才之看法，頗爲中肯。

八、強調以誠信仁愛之精神治邊

戴氏之治邊觀點，另一可稱述者，即是以誠信和平仁愛慈悲之精神治邊，故在論著、函電中，屢次提及此一觀點。民國二十年十月，撰「蒙藏狀況序」曰：「在今日而行救國之道，斷不可遺棄邊疆，而懷遠安邊，又不可遺忘仁義慈悲之教也。」〔註42〕二十年四月二十七日，「致蔣委員長電」曰：「國家對於遠人，一字都不可失信。」〔註43〕同年四月二十九日，「覆蒙藏委員會馬委員電」曰：「目前宣慰蒙古，重在將中央誠意，布之遠人。」〔註44〕二十二年十二月二十三日，「致向副軍長電」曰：「治邊以安民爲上，過去漢土官軍種種壓迫剝削，實不可爲訓。……務懇切實整頓軍旅吏治，成仁義之師，行仁義之政，愛撫漢番，視同一體，勿輕言拓殖，以迓祥和。」〔註45〕同日，「致向副軍長書」亦曰：「惟治邊之策，安民爲上，……務懇切實整頓軍旅，使成仁義之師，整頓吏治，俾行仁義之政。以宗教與教育合爲一體，宗教爲道，科學教育爲器，俾成仁義之化。」〔註46〕二十五年二月四日，「發表四年間致廣慈、廣慧兩大師函電弁言」曰：「團結全國各民族，以成一大國族，尤爲救國救世之大道。如何而能得之哉，無他，立共信以堅互信而已。」〔註47〕二十六年二月二日，「致蒙藏委員會委員長吳忠信書」曰：「對遠人只以盡我之

〔註40〕同註19。
〔註41〕文存，續編，「覆朱秘書長電」，頁174～175。
〔註42〕文存，「蒙藏狀況序」，頁287。
〔註43〕文存，「致蔣委員長電」，頁288。
〔註44〕文存，續編，「覆蒙藏委員會馬委員電」，頁169。
〔註45〕文存，「致向副軍長電」，頁293～294。
〔註46〕文存，「致向副軍長書」，頁294～295。
〔註47〕文存，「發表四年間致廣慈、廣慧兩大師函電弁言」，頁302。

誠信，與適宜之處置耳。」〔註48〕二十七年二月九日，「致蒙藏委員會委員長吳忠信書」曰：「當此國難嚴重之秋，與其帶名貴禮物去，不如帶一至誠去，對佛如是，對各寺喇嘛、各地土司千百戶頭人民眾亦然。」〔註49〕同日，「致教育部陳部長書」曰：「蒙族、藏族，此時惟有以最後慈悲和平之至誠，為彼輩謀安定。」〔註50〕同年三月，「致朱騮先先生書」曰：「今後大事只在如何安邊，而安邊之道，亦只在忠恕，奉此以行，今日或覺無聲無臭，將來或有無形之益。」〔註51〕凡此所引，皆為戴氏欲以親愛精誠之精神，以促進國內各族團結合作之言論，亦愈顯現其對於邊疆同胞誠摯之心意。

九、樹立中央威信以治邊

為使中央政令能通達於邊地，進而使邊疆各項建設得以推展，戴氏認為中央必須建立威信。民國二十七年二月九日，「致教育部陳部長書」曰：「十七年全國統一，中央威信大著之時，蒙藏各地教育實業，便應乘勢推進。」〔註52〕三十一年七月二十一日，「對於邊疆問題之指示」，戴氏有更詳細之說明：

> 一曰樹立中央威信，以加強邊胞之向心力。……就樹立中央威信言，最要者，莫如統一政令，言出必行，行之必果。蓋邊疆同胞，誠樸率直，最重然諾，一有約束，終身不渝。倘使中央政令紛歧，莫衷一是，而又言不必行，行不必果，則將啟其疑慮，失去信仰，一切工作無由推動。過去中央各主管邊務機關，聯繫不密，而地方機關亦各有系統，不相統屬，意見參差，各行其是。加以舉棋不定，朝令夕改，計劃多而事業少，約束繁而履行難。寢使邊民由期望而懷疑，由懷疑而怨望，雖百端譬解，亦無實益，影響威信，無過於此。至於邊疆文化團體，現行已達數十，論其性質，多屬相同，查其事業，亦無大異。然而名義紛繁，議論蠭起，增加邊胞惶恐，尤非淺鮮。今後中央主管邊務各機關，務須密切配合，一致行動，駐在邊地黨政軍教機關，尤須加強聯繫，徹底合作，議論不宜過多，而期

〔註48〕文存，「致蒙藏委員會委員長吳忠信書」，頁302。
〔註49〕文存，「致蒙藏委員會委員長吳忠信書」，頁306。
〔註50〕同註19。
〔註51〕文存，「致朱騮先先生書」，頁308。
〔註52〕同註19。

於實行，事業不宜太汎，而務求收效。內地所設邊疆團體，應按其性質，設法歸併，其有假藉名義，招搖滋事，或欺騙邊胞，妨礙邊政進行者，應嚴予整飭，庶足以堅定邊民信仰，使傾心內向，而各項邊疆工作，亦可逐漸開展。〔註53〕

十、期盼中華各族團結合作

戴氏既然關心邊疆同胞，故其深望我國各族能團結合作。民國十九年十一月，撰「內外蒙古考察日記序」曰：

故今後……應努力……以復於上古同族同宗之本源，而造成眞正統一之中華民國，千載萬世，發展無窮，爲人類文化之光。藏回諸族，其理亦同。……深望蒙漢同胞，共明斯旨，一心一德，以造成形神俱一之中國民族，爲永久和平統一之保證也。〔註54〕

二十三年四月，「告青海同胞書」曰：

今天中國裏面的五大民族，以及各個小族，原來都是一種族。……論起道理來，不但我們國內各族原是一家，尤其青海地方的同胞，更是我們老房的兄弟，老家的親戚。……所以傳賢此次來青海的感想，不是出遠門，乃是回老家，不是見外人，乃是探親戚，看兄弟。再則我們現在的國家制度，不是以前君主專制，是中華民國開國大總統孫中山先生創造的民有、民治、民享的三民主義國家。且莫說原是老房本家親戚，就是外人，凡在中華民國裏面做國民的，也都應該要相親相愛，同心同德。要知道今天的世界中，除了我們一致團結，通力合作，更沒有自立自存、自富自強的希望。……中央的同志們，天天盼望著各位進步發展，如同自己愛自己、望自己一樣。

〔註55〕

二十五年四月，「發表四年間致廣慈、廣慧兩大師函電弁言」曰：

漢、藏兩族今日之關係，爲累世之姻親，有共同之血統、宗教、風俗習慣，大抵可通。……故保西藏之太平，亦所以保中國之太平，與世界之太平。而團結全國各民族，以成一大國族，尤爲救國救世

〔註53〕文存，「對於邊疆問題之指示」，頁325。
〔註54〕文存，「內外蒙古考察日記序」，頁286。
〔註55〕文存，「告青海同胞書」，頁296～297。

之大道。〔註56〕

可知戴氏具有深切之體認，我中華各族如能彼此團結合作，則必能形成強大之力量，足以自救自強；反之，如果自行分化，則將適以瓦解而亡國。

十一、結　論

綜上所論，雖未述及戴氏信佛與邊疆民族之關係，但是吾人已可知其對邊政之各項主張，皆甚有見解，足可供政府施政之參考。而其一再呼籲國人對邊疆之重視，更有喚醒國人之作用。諸如民國十九年八月十日，於「中國邊疆之實況序」曰：

> 中國號稱地大物博，蓋合蒙疆藏邊各地，始足以語此，若捨邊地而言，本部諸省則誠無當於地大物博四字也。……是故開發生計，拓殖邊疆，誠為今日中國惟一之要圖矣。〔註57〕

二十年十月，「蒙藏狀況序」曰：「在今日而行救國之道，斷不可遺棄邊疆。」〔註58〕故吾人可肯定戴氏對邊疆，尤其是在中央與邊疆領袖之聯繫方面，其居中協調，促進彼此之溝通，更有莫大之貢獻。桂崇基先生「懷念季陶先生」一文，推崇戴氏對邊政貢獻曰：

> （戴氏）對於邊疆地區之開發，邊疆教育之設施，以及籌邊人才之培植，宗教首領之聯繫，尤不惜傾其全力，依其計畫逐步實施。昔張居正云，吾一日間神遊九塞，正可為先生言之矣。自十七年至三十七年間，一訪青海，一訪甘孜，一訪印度，南起滇邊，西及阿里，西北至大磧四週，天山南北，北至內外蒙古。遠來比丘，住京大士，皆竭誠盡敬，供養問學，蒙王藏貴，平日已有密切聯繫，無形中增進其向力至大。有來京者，則視其位行，如禮接待，其慕風向化來學青年，皆供給住宿衣食，為之妥籌入學之方。二十年間，邊疆粗成小康之局，邊疆政教首領遇有慶弔大典，中央多簡先生主持，雖體弱多病，亦不辭長途險阻，跋涉於莽沙嵐障之間，而所至之處，無不恪盡其禮，兼事安撫，使邊人深感中樞懷遠之至意。因先生之主張，中央政治學校增設蒙藏班，後改為蒙藏學校，以造就籌邊人

〔註56〕同註 47。
〔註57〕同註 5。
〔註58〕同註 42。

才。二十一年，赴西北考察，力促設立西北農林專科學校。由是而
觀，先生立志堅忍不拔，無一不爲國家百年大計著想。〔註59〕
陳立夫先生撰「我之所知於戴先生者」一文亦曰：

> 訓政開始後，先生身負黨政重任二十人，其見於謀國之大計者，在
> 柔遠安邊之決策。謂國基初定，欲實行民族主義，貴能團結各民族，
> 成爲中華大民族爲首要。力促政府對邊疆步步爲營，少興作，多化
> 導。對邊人事立信，以宗教救心，以實業救命。凡所措施，但求政
> 令統一之名，而行團結民族之實。其時各民族間相安無事，邊塵不
> 起，莫非得力於此。〔註60〕

以上所述，雖僅爲戴氏對我國邊政貢獻之犖犖大端者，然而戴氏對邊疆所遺
之德、之功、之言，實愈益磅礡偉大。尤其戴氏百年誕辰將屆，吾人於緬懷
其事功之際，不禁倍增對其崇敬之意。

（《戴傳賢與現代中國》，民國 78 年 1 月）

〔註59〕 文存，三續編，桂崇基，「懷念季陶先生」，頁 370。
〔註60〕 文存，三續編，陳立夫，「我之所知於戴先生者」，頁 170。

十六、莫德惠先生對我國邊疆之貢獻
（東北與西南地區）

一、前　言

　　民國以來，雖人才稱盛，然而論及個人出處大節與政治家風範，值得表揚者並不多見，莫德惠先生則爲其中之一。觀其事蹟，不僅敷歷中外，善政稠疊，且其謀國之忠，任事之勇，知人之明，自處之謙，均足以風世勵俗。故陳紀瀅先生曰：

> 柳老（莫德惠）在過去八十五年當中，服務公職約六十年。從地方
> 一至中央，無一躐進的官階，也無一不親的庶政。因此論政治經驗
> 與人生涵養，在當代政壇上，實不多見。而「德修於己，惠施於人」
> 的精神，尤爲彰著。〔註1〕

筆者僅就其在我國東北與西南等邊疆地區之卓越事蹟加以論述，一以見其對國家之貢獻，一以印證陳氏言之不虛也。

二、莫氏與我國邊疆地區之淵源

　　莫德惠先生之家人及其幼年時期，與我國邊疆地區即有密切之關係。其父明海，於清光緒元年（1875）三月，曾以筆帖式隨左宗棠遠征新疆，平定阿古柏等亂事，戰功卓著。屯駐西陲凡十餘年，奉命准予隨軍結婚，母親馬氏，出身於新疆回教家庭。莫氏三歲，值新疆軍事結束，隨父歸吉林省雙城

〔註 1〕陳紀瀅「柳老自訂年譜讀後感」，載莫德惠「雙城莫德惠自訂年譜」，頁 201，
　　　臺北，臺灣商務印書館印行，民國 57 年 12 月。

縣故里。其間行程緩慢，途經瀚海、榆關，路行萬里，時逾三載，計於三歲離開新疆，至五歲始由北京到雙城，備嘗辛苦。是時，由雙城至新疆服役者百餘人，生還者卻十不逮一，故其父深知戍守邊陲之艱苦，亦知邊疆國防之重要，嘗謂：

> 西北、東北均爲我國邊陲要地，而東北之地勢、富源、交通，均遠勝於西北。惟強鄰環伺，虎視耽耽，欲保衛國家領土主權之完整，必先固東北之邊防。〔註2〕

其母亦謂：

> 離開西北，遠赴東北，仍作保衛邊疆之民，世爲國家保守疆土。爾等宜善盡職責，以慰我心。〔註3〕

可見其家族保國衛邊之心意至爲深厚、誠篤。民國九年秋，其父逝世，莫氏曾言：

> 先父……以筆帖式從左文襄公底定西陲，勤勞國事，奮不顧身，積功受勳，歷任佐領、協領、副都統，……。自新疆軍次返里後，嘗引曾紀澤先生對俄人寇邊之陰謀，「在海不在陸，在東不在西」，勉我等對此項名言，應特別警覺。以兩地五十年之經驗，認爲東北不但國防重於西北，所有一切均應順應世界潮流，積極謀求開展，諄諄囑咐，勉力爲國爲鄉服務。〔註4〕

　　莫氏少年時代，既受其父母之薰陶，且見及清末外患劇烈，百姓受害尤深，遂立下抵禦外侮之志。於其「雙城莫德惠自訂年譜」（以下簡稱「自訂年譜」）中云：

> 庚子八國聯軍之役，俄兵內侵，黑龍江將軍壽山殉難，哈爾濱一帶人心惶惑。余早已與傅靜嫻女士訂婚，女士時年十七，相率遷避，因舊習男女授受不親，遂奉二老之命，倉卒合巹，而鄉俗又不許借屋成婚，遂以車上竹棚爲青廬。婚姻大事如此草草，實緣外患使然。故余一生對抵禦外侮之志，始終不移，有由來矣。〔註5〕

莫氏大志既立，乃力求充實自己，尤其於北洋高等巡警學堂就學時，鑒於國

〔註2〕「雙城莫德惠自訂年譜」，頁4。
〔註3〕同前註。
〔註4〕同前書，頁30～31。
〔註5〕同前書，頁12。

人對國際公法多不了解，以致交涉國際事務常遭挫折，因而「對此門學問特加重視，諸如國家在國際社會中，以獨立自主之資格，所應享有之權利等，無不就其法理悉心研究。故於國家對外來侵略抵抗排除之自衛權，及國家領域內行使其法權，不受外國干涉之領域管轄權，均有深切之了解。」〔註6〕

　　由上述吾人可知，莫氏日後於東北及西南等邊疆地區有卓越之貢獻，實其來有自也。

三、莫氏對我國東北地區之貢獻

　　莫氏於青年、壯年時期，曾多次在東北地區擔任公職，治績顯著。茲分下列九項論述之：

（一）濱江縣之防盜、防洪、防疫

　　莫氏二十七歲自北洋高等巡警學堂畢業，分發回籍，任吉林省警察廳西局局員。二十八歲，奉調濱江巡警局局長，到任後，即致力內部組織之整頓與改革。規定凡充任長警者，須受有三個月之訓練，並頒辦法二十八條，嚴格實施。其時濱江盜匪出沒無常，盜案一日數起，莫氏輒躬親調查、訊問，依情節輕重按法處置。而濱江臨近哈爾濱，犯法者多以該埠為遁逃藪，我方警察人員向不能進入該區執行職務。此不但關係地方治安，且損害我國法權之行使。當時政府處理此事，甚感棘手。幸好莫氏在北京高等巡警學堂研究國際公法頗有心得，據理力爭，終獲准如有我國逃犯避入該區，我國警察人員持有局令，即可進入拘捕歸案，依法審判。至此俄人不復干涉，並戒其僚屬曰：「此君（指莫氏）係警官學校出身，熟諳法律，不可欺也。」〔註7〕濱江附近盜匪亦為之斂跡。

　　莫氏於濱江巡警局局長任內，適松花江水暴漲，巡警局所在地傳家甸等低窪地區隨時有遭水患之虞。莫氏見原自道外頭道街口至秦家崗，有江堤數十里，寬不逾丈，高不盈五尺，僅可為平時防患之用，但是上游水位已較原水位高出丈餘，故親率長警督飭民工，臨時以蔴袋盛砂石堵堤岸。〔註8〕其時情勢危急，而堤長有數十里，須連夜趕工，莫氏日夜騎馬來往巡視督工，相當辛苦。曾憶曰：

〔註6〕同前書，頁17。
〔註7〕鄧裕坤「仁者壽」，載新動力第十五卷第三、四期合刊，頁42。
〔註8〕「雙城莫德惠自訂年譜」，頁20。

> 竟於人馬疲乏之際，因馬失前蹄，墜馬觸折門牙，迄今半齒猶存，
> 往事歷歷，如在目前。〔註9〕

後下游堤防及時增高，終使傅家甸附近得免水患。

天災來臨，常引發傳染病之蔓延，是次水災之後，濱江復遭鼠疫。〔註10〕莫氏「督飭長警按戶傳知，如有患者，務須立即隔離，並令全部工作人員皆戴防疫口罩，嚴行預防。」〔註11〕未久，清廷派伍連德醫官抵哈爾濱，主持防疫事務。莫氏與之商量，決定除對患者積極救護外，並將死屍處理辦法特請省方轉奏中央，核准後，即火化二千餘具疫屍。該次防疫工作前後歷時半年，殊爲不易。伍氏於出席國際防疫會議，臨行前謂莫氏曰：

> 吾人數月以來，出生入死，無時無刻不在與猖獗之癘疫搏鬥，此可
> 證明捨身於服務社會，方能對人生有所貢獻。〔註12〕

莫氏任濱江縣巡警局局長三年，政績頗佳，故民國肇造後，被推爲吉林省眾議員第二區候選人，獲榆樹、雙城、五常、阿城、賓縣及濱江等七縣之高票當選。莫氏自謂能當選乃緣於防盜、防洪、防疫之卓越表現所致，曰：

> 複選時，榆樹范殿棟、雙城楊振春，均期在必得，且均與初選當選
> 人早有默契，所餘一名，其他五縣之初選當選人羣相角逐，情況至
> 爲激烈。後聞余參加競選，諸君相率退出，故余得獲七縣之票一次
> 當選，其中榆樹、雙城亦有不少投余票者，此實原於鄉人皆以余在
> 濱江三年，於防盜、防洪、防疫印象頗深。〔註13〕

可見是時莫氏年紀雖輕，但於防盜、防洪、防疫之事加惠於百姓者已多，且顯現出其從政之才幹矣。

（二）雙山縣之施政

民國三年一月十日，袁世凱正式宣布停止參、眾兩院現有議員職務，解

〔註 9〕 同前書，頁 21。

〔註10〕 清宣統二年十二月，哈爾濱地區鼠疫災情嚴重，「國風報」第一年第三十四號，中國紀事云：「近日東三省有一大恐慌焉，鼠疫是也。此疫之起，實先發現於哈爾濱，其後漸次蔓延於長春、濱州、奉天間，哈爾濱傳家甸等處染是疫而死者，每日約有百餘人。」

〔註11〕 同註9。

〔註12〕 「雙城莫德惠自訂年譜」，頁 22。

〔註13〕 「雙城莫德惠自訂年譜」，頁 22～23。民國二年一月，莫氏當選眾議員；四月八日，召開第一屆國會，到會議員五百零三位，莫氏爲其中之一。詳「政府公報」，第三三三號（民國2年4月11日），通告。

散國會。莫氏回籍省親，經過瀋陽時，奉天都督張錫鑾聞其素熟地方事務及邊情，特邀談告之曰：

> 奉省北邊均係蒙旗，前此陶什陶受俄人煽動，大舉叛亂，其意不僅使內蒙與外界隔離，並吹攬取奉省，囊括東北，而達爾罕王旗尤首當其衝，幸經前路巡防統領張君作霖奮勇進勦，陶什陶逃俄，全境肅清，達旗改為雙山等縣。大亂初定，瘡痍未復，漢蒙雜處，多生事端，當務之急，厥為撫輯流亡，清除伏莽，促進農業生產，增加漢蒙貿易，繁榮地方，安定民生。知君諳悉蒙情，關懷地方，願請任其艱鉅，並為便利清勦餘匪，將梨樹、遼源兩縣地方團隊交君統一指揮調遣，並兼理司法，期於戡奸懲暴之中，更收化民成俗之效。
>
> 刻因雙山監犯越獄，縣知事牛爾裕撤職，地方情勢益為緊張，故年關雖近，尚希儘早赴任，以安民心。〔註14〕

張氏此語甚具誠意，並表示雙山等縣地處邊隅，民情複雜，尤須莫氏出任民牧，予以撫治。莫氏審酌再三，終允受任，但聲明如國會恢復召集，即辭縣知事職，以便赴京與會。莫氏蒞任雙山縣知事後，審查地方情勢，擬以三年為期，完成下列計畫：

> （一）本縣警力單薄，調鄰縣保衛團隊協防，尋求地方安寧，以廣招徠，使內地失業人民至東北謀生者，樂於來雙就業。（二）興辦農田水利，以利農業生產；修築各鄉鎮道路，以便商旅；並於沿途廣植樹木，藉興林業。（三）邊地教育不振，師資缺之，允宜培養師資，竭力興學，並親予監督，以期濬發民智，培成民德。（四）縣民向來輕視衛生，傳染病易於流行，亟應倡導醫療，並鼓勵清潔。（五）訴訟案件，隨到隨審，隨審隨結，使民冤得申，且無訟累。〔註15〕

凡此施政方針，皆能顧及地方上之教、養、衛，力求改善縣政。莫氏就任年餘，至民國五年八月一日，黎元洪重行召集國會於北京，乃辭去雙山縣知事，未能完成其原擬定之三年施政計畫。

（三）解決吉林官產糾紛

民國六年六月十二日，黎元洪為張勳所脅迫，下令解散國會，莫氏得空前往吉林省城省視其父。當時省長郭宗熙以吉林官產多屬旗地，丈放時生糾

〔註14〕「雙城莫德惠自訂年譜」，頁 24～25。
〔註15〕同前書，頁 25～26。

紛，地方圜法紊亂，尤待整頓，非有地方宿望之人出而負責，不易收效，力挽莫氏擔任官產處長，兼官銀號監理官。莫氏莅任後，詳細詢訪，見官產辦法凌亂，力主現耕農可優先購領，而所發行紙幣亦予以嚴格限制，各地慣用之帖票，則各別逐漸限令收回，停止流通，使省庫收入增加。〔註16〕

（四）消弭吉、黑衝突

民國七年夏，黑龍江督軍鮑貴卿與吉林督軍孟恩遠交惡，雙方軍隊發生衝突。莫氏乃偕吉林省議會副議長、教育會會長劉文田等人往見孟氏，分析戰端一開，於國家、百姓皆不利，當宜和平解決。未久又接鮑氏回電，邀赴哈爾濱商洽。此行經過，據其「自訂年譜」曰：

> 詎料行抵雙方前哨，而鮑氏停戰之令尚未下達，余等火車甫到，守
> 軍誤會開鎗，車中隨行員役傷亡三人，危險萬狀。〔註17〕

可見是時莫氏為化解吉、黑雙方衝突，曾冒著生命之危險力事調停。鮑氏亦為此深受感動，即下令停止軍事行動，願聽候政府解決，終使戰禍消弭於無形。

（五）先後主持榆樹、濱江縣政

民國八年，吉林省長徐鼐霖以裁撤官產處長及官銀號監理官為要挾，邀莫氏參加安福系，並許以實業廳，莫氏不為所動，遂返故里省親。未久，徐氏徵詢省議長于沐忱關於榆樹縣縣長人選，于氏謂可以地方人辦地方事，乃請面商莫氏曰：

> 榆樹縣為雙城二審機構，請勿存避嫌之意。且君向以孝聞，太公既
> 已退休返里，君供職榆樹，與雙城近在咫尺，正可兼有迎養定省之
> 便利。以君之地位，固不敢以百里相屈，但知君重地方而輕名位，
> 務請擔負。〔註18〕

此番話深得莫氏之心，允之。在任期內，於整頓稅收方面尤有成就。因榆樹縣內近半為旗地，旗產多五年未納賦稅，且以往縣知事及辦事人員所收賦稅均有提成。莫氏乃宣明如能在限期內完納者，免收提成，逾期則加罰。另有求免旗產欠稅者，莫氏未予批准，但仍允補納不罰。此一善政，終使地方人士甚願合作，踴躍完納。〔註19〕

〔註16〕同前書，頁27～28。
〔註17〕同前書，頁29。
〔註18〕同前書，頁29～30。
〔註19〕同前書，頁30。

民國十年春，北滿發生鼠疫，迅速往南蔓延，因莫氏曾有濱江防疫經驗，故由榆樹調任濱江。到任後，與各方經諸多努力，終遏止疫病之傳染。

（六）任依蘭道尹

莫氏主持濱江縣政未及二年，復應國會召集赴北京。至民國 13 年始返東北，任吉林省依蘭道尹。此區所轄縣境多荒寒偏僻，文化落後。莫氏爲了解民隱，就任後，即至各縣視察。於「自訂年譜」中記有此行曰：

> 轄境西及西北鄰黑龍江省，爲陸路交通，其餘則北有黑龍江，東有烏蘇里江，南有牡丹江及松花江，所經以水路爲多。雖身體不適乘船，亦勉爲之。某日在黑龍江與松花江會合處，風起浪湧，更值深夜，輪船機械發生故障，順流飄泊，情勢極爲危險。逮天明風息，則擱淺於富錦縣境之沙灘上，是亦昊蒼默佑也。〔註20〕

視察之行程雖備極辛苦，然而卻頗有心得，使莫氏深知欲開發地方，首須廣設學校，以啓民智，並對振興實業、招致商賈、改善交通及開闢荒地皆擬定計畫，準備實施。惟未久奉調農商部次長代理部務，未克付之施行。

（七）任奉天省長

民國十五年春，奉天代理省長王永江因反對進兵關內，去職，張作霖派莫氏以財政廳長兼奉天省長。莅任後，尤致力於人民生活之改善，分從稅收、交通及教育等三方面著手：

1. **整頓稅收**　百姓之疾苦常緣於重稅，而其癥結又緣於主政者未能確實執行預算制度。莫氏既兼綰財政廳務，乃嚴格執行所編之軍政用費年度預算，並屬行追徵地方大戶歷年滯納田賦，合理調整食鹽稅率，免除各種臨時附捐，使歲入、歲出趨於平衡。凡此舉指，施行未久即見成效，奉天省庫漸裕，民困亦得稍舒，且有餘力從事於教育及經濟之發展。〔註21〕

2. **修建鐵路**　東北農產豐富，爲換取進口物資，常外銷大宗農產品，但不僅無產銷合作組織，運輸又爲日、俄等國所經營之南滿與中東鐵路壟斷，影響利權甚大。莫氏鑒於洮昂路通車後，不僅可發揮經濟上之效用，在奉、吉、黑三省政治聯繫上與軍事合作上亦具重大意義，而瀋海路之價值尤有過之，遂於整頓財政，省庫漸有餘裕後，全力修建，至十六年春完

〔註20〕同前書，頁 37。
〔註21〕同前書，頁 40。

工通車。〔註 22〕

3. **振興教育** 莫氏於奉天省長任內,曾指示各鄉村在各屯適當地點普設學校,使學齡兒童皆可徒步就讀。另外,於省立第一師範學校附設師範專科,使中小學之師資來源不虞缺少。而對東北大學之發展,亦盡力爲其籌足經費。諸此教育之建樹,日後皆見有成效。故莫氏欣慰曰:

> 至余去任後,已有人文蔚起之效。三十年來,東北人士在社會嶄然露頭角者,多爲彼時之莘莘學子也。〔註 23〕

以上三項,僅爲莫氏主持奉省時省政之犖犖大端,其他如普令各縣增闢公路,提倡造林,開發礦業,獎勵生產等,無不兼籌並顧,對於鞍山鐵礦、撫順煤礦,更時予巡視,督飭增產。〔註 24〕

(八)赴日完成東北易幟之交涉

民國十七年秋,國民革命軍已完成全國大半省分之統一,東北亦表示服從國民政府,惟因日本阻撓迄未易幟,中央曾派吳鐵城先生至瀋陽商洽。但於七月十九日,日本駐奉天總領事林久治郎得日本政府關於東三省易幟之訓電,曾向東北保安總司令張學良面遞警告書,告以日本政府意見:(一)日本利害關係上,不願見東三省政治有急劇變化,致影響及於安寧秩序;(二)依日本政府觀察,國民政府基礎尚未底於確定,此時與之合爲一體,似有考量餘地,〔註 25〕並表示反對東三省服從國民政府及改懸青天白日滿地紅國旗。張氏允於考慮後再答覆,但是日本此種阻撓之舉動,已使東北人士頗感顧慮。至十一月,適值日本昭和天皇舉行加冕大典,日本政府表示甚願東北當局以地方政府立場派人慶賀,張氏爲促成全國統一,擬派員赴日,藉此機會與日本政府商談易幟事。此時,莫氏因皇姑屯之變,腿部受傷,正在故里養疴。張氏即任以慶賀專使,電邀來瀋陽,並告以已派邢士廉面謁蔣總司令中正,報告東三省決服從國民政府,〔註 26〕惟外交方面仍有待解決。莫氏感其誠意,曰:

〔註 22〕 同前註。
〔註 23〕 同前書,頁 42;蔡運辰「壽柳老談教育」,載新動力第十五卷第三、四期合刊,頁 36～37。
〔註 24〕 「雙城莫德惠自訂年譜」,頁 42。
〔註 25〕 「國聞週報」第五卷第二十九期,民國 17 年 7 月 29 日。
〔註 26〕 民國十七年七月一日,張學良曾致電北伐軍蔣總司令,聲明決不妨礙國家統一;八日,張學良所派輸誠代表邢士廉等人抵達天津;十日,蔣總司令在北平香山碧雲寺行營接見邢士廉等人,告以東三省須先行易幟,奉行三民主

外交方針要定，意志要堅，至於如何交涉，乃行人之責，我何敢言辭，自當竭力以赴。〔註27〕

十一月三日，莫氏由瀋陽出發赴日，保安副司令吉林省長張作相等人前往送別，均諄諄相囑，萬望不虛此行。吳鐵城先生亦到站親交密碼電本，並言靜候佳音，以便復命。與莫氏隨行者有奉天省長公署祕書蔡運辰、保安總司令部祕書王家楨、東三省交涉總署祕書安祥等。莫氏告以此行除致賀外，乃是專為易幟之事，其他問題皆不在使命範圍之內，日本首相田中義一如有提出，希望王家楨務必認真傳譯，彼自有辦法應付，以免節外生枝；如田中先談及易幟事，亦須持嚴正態度對待。〔註28〕

莫氏一行抵日後，田中旋即邀宴。宴後，至別室暢談，談及東北易幟問題時，莫氏在「自訂年譜」中，有如下之記載：

田中曰：「聞地方當局有意易幟，不知是否屬實？」余曰：「豈惟地方當局如此，東北四千萬民眾亦同此心理，明年元旦前即要實行。」田中聞余辭意堅決，因而愕然曰：「日本對此不能不深為關切。」余曰：「不知日本關切之意何在？」田中曰：「日本在東北有許多既得權益，素以防共為重，如東北易幟，蘇俄憑恃中東鐵路，得寸進尺，因東北力量不足以應付蘇俄一國之侵略，日本願以全力協助，此為交鄰友好應盡之義務。」余曰：「東北對日本此項盛意，只好存之於心。惟東北決不容赤化，與貴國防共之意相同。但東北一隅之力，抵抗蘇俄自有不逮，故有易幟之舉。若中國全國統一，則蘇俄野心自可戢止，因此必須易幟。」田中遂云：「此為中國內政問題。」余曰：「誠如君言，確是中國內政問題。」余因其既承認易幟為中國內政，是對易幟業已默認，當亦不復多言。〔註29〕

莫氏返國後，對於此行與田中談話及交涉之經過，曾作詳細報告。未久，東北當局即於十二月二十九日，由張學良、張作相、萬福麟等聯名通電國民政府，宣布遵奉三民主義，服從國民政府，實行易幟，改懸青天白日滿地紅國旗。至此，全國終獲統一，而日本對此亦無由再加阻撓，可見莫氏之貢獻非

義。詳「革命文獻」，第二十一輯，頁1646、1802。
〔註27〕 「雙城莫德惠自訂年譜」，頁43。
〔註28〕 同前書，頁44。
〔註29〕 同前書，頁44～45。

淺。莫氏嘗賦詩曰：

> 一身敢説繫安危，片語興邦古有之；三島歸來懸漢幟，中華從此固
> 藩籬。〔註30〕

（九）赴蘇交涉中東鐵路問題

民國十八年十二月三十日，莫氏受任中東鐵路督辦，翌年一月五日，赴
哈爾濱就任。本欲盡力謀該路之發展，故就任時之致詞有云：

> ……此後甚願竭盡本人之心思、才力與諸君和衷共濟，羣策羣力，
> 以謀本路之發展。……此後路務逐漸發達，不但東北各鐵路資爲模
> 範，兼可爲世界鐵路之明星。是則東北地方既可賴以興盛，兩國邦
> 交亦必更加鞏固。〔註31〕

未料，旋因「伯力議定書」（又稱「伯力協定」）事被推晉京陳情。〔註32〕一
月二十七日，莫氏抵南京，翌日，由國民政府蔣主席及五院院長、中樞要員
召開會議，莫氏面陳伯力會議紀錄眞相、東北當局忍痛簽字原因及東北地方
情形，末陳東北對外交事項絕對聽命中央，乞中央隨時訓示。渠謂：

> 此來係代表東北地方當局向中央請命，無論中央如何處分，絕對服
> 從。問題在於外交方面如何進行，必須中央與地方一致，對外方有
> 力量，此點關係東北四千萬民眾生命財產，請中央審酌。〔註33〕

〔註30〕同前書，頁 45。

〔註31〕「國聞週報」第七卷第三期，民國十九年一月九日。

〔註32〕民國十八年七月十七日，蘇聯政府以該年六月駐哈爾濱使館被搜查及中東鐵路
事件，宣布對我絕交，並派軍騷擾滿州里、綏芬河等地，雙方發生接戰；同年
十一月十七日，蘇更以飛機三十餘架、坦克二十餘輛、大礮六十餘門、步騎兵
二萬餘人，進犯我國吉林、黑龍江邊境，占領同江、滿州里、綏芬河、札蘭諾
爾、札蘭屯；十九日，東北抗俄軍旅長韓光第、團長林選青陣亡，情勢緊張，
外交部哈爾濱交涉員蔡運昇乃與蘇聯駐伯力交涉員司曼諾夫斯基於十二月二
十二日簽訂「伯力議定書」；惟我國政府不予承認，事態因而嚴重。翌年一月
十八日，蔡氏往訪司曼諾夫斯基，說明我國政府否認該議定書，要求更正蘇方
所發表之條文及會議日期、地點，但是司曼諾夫斯基於二十一日聲明：（一）「伯
力協定」不能變更或抗議；（二）中蘇正式會議不能變換地點及遷延；（三）滿
洲里蘇軍緩撤，待正式會議開成後，全部撤退；（四）要求東北代表答覆。至
此，東北地方人士認爲應派員至中央陳情，莫德惠遂有此行。載「申報」，民
國十八年七月二十、二十一日，十一月十八、二十日，十二月二十三日；「東
方雜誌」第二十七卷第八號，頁 129～130；沈雲龍「黃膺白先生年譜長編」，
上冊，頁 424，臺北，聯經出版事業公司印行，民國 65 年 1 月。

〔註33〕「雙城莫德惠自訂年譜」，頁 46。

此一陳情得到中央之採納，除於二月六日由國民政府蔣主席致電張學良，告以對蘇辦法外，〔註34〕並於八日由外交部發表宣言，聲明國民政府僅令蔡運昇商議解決中東路糾紛及舉行正式會議之手續，而「伯力議定書」除規定解決中東路糾紛辦法之外，其他係該代表無權討論者，中國準備另派代表赴莫斯科舉行正式會議。〔註35〕

民國十九年二月十五日，國民政府特派莫氏爲中蘇會議全權代表，解決中東路善後問題，朝野人士咸認此項任務至爲艱鉅，莫氏「自訂年譜」亦云：

> 胡漢民先生曾謂余曰：「君入虎狼之國，恐爲蘇武，不知何日歸來。」余聞之亦覺凜然。但此事上關大局，下關桑梓，爲國爲鄉，義無反顧，故受命而不辭。〔註36〕

翌日，莫氏擬由南京返東北準備赴蘇事宜。行前，招待記者說明中東鐵路交涉近況，及擔任此項任務所持之態度。〔註37〕五月一日，莫氏率代表團自哈

〔註34〕 民國十九年二月六日，國民政府蔣主席爲中蘇「伯力議定書」事致電張學良，告以對蘇辦法，其電文曰：「對俄問題本日由中央臨時政治會議議決辦法，大致如下：一、說明伯力記錄超越代表原有之職權，擅自簽訂在中東路以外之條件，蔡運昇應從嚴議處。二、中央選派代表赴莫斯科會議，解決中東路問題。三、聲明復交及全部通商，如有開議必要，應由蘇俄另派代表來京開議。……中央深信如此解決，實於萬難之中求得兩全之道，所有東北困難情形均經詳細考慮，前此外交組所擬完全否認伯力紀錄及拒絕開議、復交、通商各點均已分別改正。如東北尚有他種困難，仍請迅速電告，中央必盡力爲之。」見先總統蔣公思想言論總集，卷三七，頁9，臺北，中國國民黨中央委員會黨史委員會印行，民國73年10月。

〔註35〕 「雙城莫德惠自訂年譜」，頁47。民國十九年二月八日，外交部爲「伯力議定書」事發表宣言：「……中國、蘇聯兩國代表於一九二九年十二月二十二日在伯力簽立記錄，作爲解決中東鐵路之糾紛。茲查該項記錄除規定解決中東鐵路糾紛之辦法外，尚載有數種事項屬於兩國間之一般關係，顯係超越國民政府訓令之範圍而爲中國代表無權討論者，中國代表實屬超越權限。且按之國際慣例，兩國協定由雙方代表訂立後，須經各該國政府核准或批准。……國民政府茲爲謀中東鐵路問題之最後解決起見，準備遴派代表前往莫斯科出席正式會議，專爲討論中東鐵路善後問題。至該路以外關於兩國通商及其他一般問題，蘇聯政府如認爲有商議之必要，另派代表來華時，國民政府亦願與之商議。」見「國聞週報」第七卷第六期，民國19年2月10日。

〔註36〕 「雙城莫德惠自訂年譜」，頁47。

〔註37〕 民國十九年二月十六日，莫氏由南京返東北準備赴蘇事宜，行前招待記者，曰：「……自抵京後，與中央當局商議數次，本人意見多蒙採納，遂有前次宣言。至會議代表，政府再四責令擔任，雖再三辭謝，終以現任職務關係，未敢固辭。此外，並請蔣主席由外交、鐵道兩部派定幹員，不日即可前往。個

爾濱乘中東鐵路專車啓程，九日，抵莫斯科。時蘇方有意拖延，於會議前交換意見，其代表外交部次長加拉罕即一再堅持須依據「伯力議定書」，否則不正式開會，惟莫氏堅不答應，終使蘇方計窮，於十月十一日舉行首次會議。蘇方此種對會議不具誠意之態度，使莫氏在未正式開會前，即已與蘇方經歷五個月之折衝，故曾感慨賦詩曰：

> 無端狡寇犯邊城，杖節何辭萬里行；終使虜廷能俯首，祇因大漢振天聲。〔註38〕

而蔣主席亦特致電嘉勉。

中、蘇雙方洽談之初，曾先就中東鐵路行政問題依據平等原則達成協議：（1）中、蘇人員各半，各級首長均須一正一副；（2）所有公文須兼用中、蘇兩種文字；（三）所有公文須中、蘇主管共同簽字，始爲有效。〔註39〕及至正式談判，蘇方提議擴大談判範圍，莫氏乃在第二次會議後，於民國二十年二月二十四日，自蘇返國請訓，並向中央政治會議詳細報告交涉經過。國民政府經縝密研討後，擬定擴大中、蘇會議範圍爲中東路善後與通商、復交三項，即談判以贖回中東路爲原則，通商以完全平等爲原則，中東路善後列爲提前解決事項，復交問題則最後決定。〔註40〕莫氏既奉指示，乃於三月二十八日再抵達莫斯科，重行展開會議，計開會二十四次，解決中東路問題已漸露曙光。未料，九一八事變發生，日軍侵占東北，中東路亦爲其攫據，使中、蘇會議停止進行。莫氏初仍留駐，嗣聞蘇方決定將中東路售予日本，始向外交部請辭全權代表，離蘇赴德。〔註41〕

以上所論述者，皆爲莫氏在東北時，對該地區之貢獻。厥後東北雖爲日

人對此會議意見，根據中俄、奉俄協定先商贖路辦法。綠奉俄協定規定：六十年後，蘇俄無條件將該路交還中國；未滿期前，中國可備價收回。此次會議能否估定公平價值付款一節？有否意外爭執？均不敢言；即無結果，亦必根據中俄、奉俄協定精神，兩國會辦商業原則，暫行訂立會辦該路合同。責鉅任重，懼弗勝任。所可誓者，惟一本忠誠、大無畏精神，折衝樽俎，期挽回國權於萬一。所望諸君時加指導，並喚起全國同胞相衷共濟，上下一致，豈僅個人之幸，實黨國前途之幸。」載「申報」，民國19年2月17日。

〔註38〕潘黛莉「莫院長自壽詩」，載新動力第十五卷第三、四期合刊，頁52。

〔註39〕「雙城莫德惠自訂年譜」，頁50。

〔註40〕同前註。

〔註41〕同前書，頁 50～51。莫氏爲解決中東鐵路問題，銜命前往蘇俄經過，可另參見勾增啓「壽柳公憶中蘇會議」，載新動力第十五卷第三、四期合刊，頁16。

本所據，但是其與東北同胞之關係並未稍減。例如民國二十八年秋，被推任為東北難民救濟委員會監察委員會主任委員；三十二年十月，任該會執行委員會主任委員。三十四年，抗戰勝利後，奉派為東北宣慰使，十月間，飛往東北，宣達政府關懷東北意旨，慰問流離失所難胞；翌年五月十六日，任東北救濟會副會長。

四、莫氏對西南地區之貢獻

（一）視察西康

民國二十八年春，第一屆國民參政會第三次大會在重慶開幕，通過議長蔣中正先生所提「擬由大會推選熟悉川康情形，暨對各項建設有特殊學識經驗之參政員同人，於本會此次大會休會後，立即組織國民參政會川康建設期成會，由期成會組成川康建設訪視團，分赴川康各地視察實況，擬定川康建設方案，建議政府，採納施行案」，惟將訪視團改稱視察團。〔註42〕未久，川康建設視察團組成，分東路、南路、西路、北路及西康等五組，莫氏被推為西康組組長，視察範圍為西康之雅屬與舊有瀘定以西各縣。〔註43〕三月十八日，莫氏一行十六人自重慶出發，二十五日入西康境內，抵雅安，再越大相嶺西行，經漢源、瀘定二縣；四月六日，抵康定，逗留九日，換乘烏拉（唐語，指供人使役之牛馬），經泰寧、道孚、鑪霍、甘孜四縣；又沿雅礱江南行，至瞻化、理化、雅江三縣，返康定；駐留數日，整理報告後，復轉向東北，越二郎山，巡視川康公路工程，歷天全、寶興、蘆山三縣；七月底，始輾轉返回重慶，完成視察任務。〔註44〕九月九日，第一屆國民參政會第四次大會開議，會中綜合各組視察意見，向政府提出總意見書。其中由莫氏所擬之意見，包括保甲、治安、禁煙、財政、民生、經濟建設、邊民教育、司法等問題，〔註45〕均能配合當時西康各項改進與建設之需要，誠不虛此行。但其視察行程確實備極辛苦，往返共八千里，歷時四個月。莫氏「自訂年譜」云：

〔註42〕國民參政會史料編纂委員會編「國民參政會史料」，頁85，臺北，國民參政會在臺歷屆參政員聯誼會印行，民國51年11月12日。
〔註43〕同前書，頁112。
〔註44〕「雙城莫德惠自訂年譜」，頁79。
〔註45〕「國民參政會史料」，頁112～129。

自甘孜至理化一段，逐步而高，如展屋脊上行，峭嶂危巖，連天互地，是為西藏高原之東端，乘馬行於海拔四千公尺以上者數百里。曾登越海拔四千六百公尺之理化巧拉山，荒煙漠野，人跡已稀，積雪滿巔，寒風似剪。每過牛溲馬勃之處，始可設幕露宿，蓋防疾風席捲也。迨視察川康公路二郎山段之工程時，因山勢陡險，竟日步行，攀援以進，誠有地棘天荆之感。〔註46〕

可見行程至為艱險。但無可否認的是，視察後所提之建設意見不僅皆能符合西康省之實際需要，且其意義亦顯得重要。蓋「西康地接衛藏，毗近極邊，在國防上關係綦重；森林、礦產蘊藏甚富，更具經濟價值。徒以前代治邊政策，祇知懷柔，安於現狀，而不求積極開發，以致交通梗塞，地曠人稀，文化落後，良堪惋惜」，〔註47〕故莫氏對此次視察曾有感想云：

康屬漢藏雜處，而藏族較多，至雅江以西，則概為藏族，漢民幾寥若晨星。藏族之語言、飲食、習俗、信仰均與漢民不同，初至其地，不啻置身異域。惟日與地方之僧俗民眾相接觸，見其生活之安於樸野，固覺其故步自封；見其執禮之惟恭惟謹，又喜其情殷內向；與言抗戰，則敵愾同仇之氣，情見乎詞；與言團結，則信仰中央之虔，義形於色。在康定、甘孜、理化各縣之僧眾，舉行祈禱抗戰勝利之聯合誦經大會，前後不下六十寺院，參加喇嘛數千眾。甘孜班禪行轅曾以大師所用儀仗相迎，執禮之隆，可以想見。理化之僧俗民眾，因三十年來未見中央大員蒞止，故其參加擴大紀念週及迎送情形，尤為熱烈。凡此均足令人感奮。〔註48〕

（二）駐西昌協建後方

民國二十八年，國民參政會川康建設期成會成立時，莫氏被指定為會員，並為常務委員。至三十年三月，依修正之「國民參政會川康建設期成會組織

〔註46〕「雙城莫德惠自訂年譜」，頁79～80。

〔註47〕同前書，頁81。

〔註48〕同前書，頁80～81。民國十五、六年間，莫氏任奉天省長時，即與班禪大師相識。二十八年三月至七月間，莫氏至西康視察，適逢生日，甘孜班禪行轅以大師儀杖相迎，不僅表達隆盛之禮節，亦寓有吉祥祝福之意。此次視察經過，可另參見姚仲良「莫柳忱先生八十壽言」，載新動力第十五卷第三、四期合刊，頁25～26，該文除述及當時巡察情形外，並附有珍貴照片四幀。

規則」，爲辦理經常設計、建設、視察與考核工作，以期督促有效起見，除在四川省設四辦事處外，在西康省亦設二辦事處，各負督促各該省推進建設之責。〔註 49〕同年五月，莫氏被任爲駐西昌辦事處主任，其任務除前述爲督促政府，推進川康政治、經濟各項建設，以增強抗戰建國之力量外，對各有關機關或公務人員必要之督促、指示或糾正，亦得逕函該管上級機關轉知，其情節重大必須予以獎懲者，則報由會長轉請政府執行之。〔註 50〕

　　莫氏雖曾視察過西康省各縣，但此次任西昌辦事處主任爲長駐性質，故蒞任後，即至各縣局視察，發現川康建設之障礙，在於寧屬煙禁廢弛，夷亂頻仍，匪患潛滋，三者互爲因果；而地方不肖官吏與土劣，包庇夷民，於深山幽谷中播種煙草，行險之徒勾結不法軍隊，以械彈交換夷區煙土，公然武裝結隊，押運牟利，悍夷於是挾武器而益兇，莠民多尤而效之，亦漸化爲匪，從而夷匪合流，變本加厲，爲患愈深。而煙毒瀰漫，遂禁不勝禁，其零售及吸食者，更毋論矣。莫氏乃督促西康省當局屬行煙禁，認眞執行分區禁勸，數月後績效顯著。〔註 51〕莫氏在其駐西昌任內，另有一事足述者，即是曾深入大涼山麓甘相營，以其個人之德望、誠懇之態度及公正之精神，調解靖邊司令鄧秀廷和西康屯墾委員會秘書長杜履謙之衝突，使此一邊陲糾紛，化干戈爲玉帛，消弭於無形。莫氏「自訂年譜」記其事云：

> 寧屬有鄧秀廷者，自民國十五年辦團練起家，以肅清川康滇邊區大
> 小涼山夷匪有功，中央畀以寧屬靖邊司令名義，威望卓著，對夷區
> 頗收鎮懾之效。自寧屬屯墾委員會成立後，專責辦理夷務撫勸設治
> 事宜，有各處設治局及政治指導區之設置，並附有武力之組織，因
> 之與鄧之事權牴觸，利害衝突，隔閡日增，磨擦愈甚，久之積不相
> 容。是年夏間，鄧率部赴會理勸匪，適普雄區長金安仁奉屯委會命
> 令，進勸八呫支兇夷之際，與鄧部留守之團長羅洪阿部發生火拼。
> 鄧聞警直認屯委會故意襲取其基地，乃唧恨於該會祕書長代主委杜
> 履謙，欲得之而甘心，遂班師遄返，逕指西昌，劍拔弩張，勢不可
> 遏；屯墾軍亦嚴陣以待，寧屬人心惶惶，糜亂堪虞。行轅主任張篤
> 倫氏設筵，約邀雙方，欲爲調停，惟鄧氏恐落陷阱，拒不應召。余

〔註49〕 「國民參政會史料」，頁 211。
〔註50〕 「雙城莫德惠自訂年譜」，頁 85～86。
〔註51〕 同前書，頁 86。

廉得其情，隻身經螺髻山孫水關，馳入甘相營鄧營，婉言曉以領袖苦心、抗戰國策及相忍為國之道，並保證其安全。鄧氏深受感動，欣然表示服從，親護余返。杜氏亦出西昌城郊三十里之鍋蓋樑迎迓。雙方經余排解，化干戈為玉帛，把臂指心，矢志同為國家效命，卒使一天險惡風雲恢復平靜，亦云幸矣。〔註52〕

時值抗日戰爭時期，如何安定後方，使軍政能協調合作，人事能精誠團結，尤為急務。故莫氏調解鄧、杜二人之衝突，實又為其於西南地區之一大貢獻。莫氏亦自賦詩曰：

如何同室竟操戈，建設期成障難多；片語釋嫌全局定，由來善政在人和。〔註53〕

（三）赴湘、黔前線勞軍

民國三十三年夏，日軍擬從我國湖南、廣西進擊貴州、雲南、四川，以打擊我國抗戰大後方，故集中在湘、桂二省日軍五個半師團，侵犯湘西。結果日軍慘遭敗北，使戰局轉變，我軍取得轉守為攻之良機，全國人心為之振奮。我政府特組成中華民國各界湘黔前線勞軍團，前往慰勞有功官兵，以莫氏為團長，鄧文儀任副團長。該團於六月四日由重慶珊瑚壩機場出發，至貴陽，「除拜訪司令部，聽取湘西前線節節勝利報告，並訪問若干地方行政機關與民眾團體外，曾舉行一次慰問貴陽戰士大會」。〔註54〕八日，復由貴陽飛抵湘西芷江，「分赴駐防芷江及其附近各軍、師司令部及若干團、營部隊，致送慰勞金及慰勞品，並親向官兵表達後方軍民欽佩慰問之意」。為使最前線正在交戰中之將士及湘、黔邊界戰地醫院之傷患將士普遍得到慰勞，該團並由鄧副團長率領一部分團員乘吉普車前往。全團於六月十九日在貴陽集合，次日飛返重慶。〔註55〕

〔註52〕 同前書，頁86～87。民國三十年，國大代表王成聖先生適在西康冕寧主持蒼溪實驗學校，對莫氏調解靖邊司令鄧秀廷與西康屯墾委員會祕書長杜履謙之衝突知之甚詳，撰有「大涼山恩仇記——莫柳老西康傳奇」，載中外雜誌第三卷第六期，頁6～14。另可參見王成聖「祝柳公八秩華誕憶西昌往事」，載新動力第十五卷第三、四期合刊，頁15。

〔註53〕 「雙城莫德惠自訂年譜」，頁87～88。

〔註54〕 同前書，頁98。

〔註55〕 同前書，頁99。另可參見鄧文儀「湘黔勞軍記行壽柳老」，載新動力第十五卷第三、四期合刊，頁39。

其時莫氏已年屆六十二，猶率勞軍團至湘、黔及湘西前線實地勞軍，頗使官兵倍覺安慰與鼓舞，而莫氏對所見官兵均親切、誠懇加以慰問，尤使官兵如沐時雨，如坐春風。鄧氏「從軍報國記」回憶此行云：

> 黔邊人民多屬苗猺族的血統，自民國以來，中央政府從無高級人員來過，他們聽說我們是中央來的慰勞團，都極熱烈的表示歡迎。這裏地方偏僻，文化落後，在邊遠省分的窮鄉僻壤旅行，雖很艱苦，但卻是最有意義的。〔註56〕

莫氏亦云：

> 回憶爲時半月勞軍之行，全團人員雖眠食不足，辛勞萬狀，但能將中央及後方軍民之溫暖帶給前方浴血抗戰之將士，對於戰地人心士氣之鼓舞，收效頗大。〔註57〕

顯見此次勞軍，意義與成效甚大。

五、結　論

莫氏六十年來對國家之功業，固然不止於前所論述各項，然吾人觀其在我國東北與西南等邊疆地區之事蹟，已足欽佩其忠貞、負責、愛民之熱忱。尤其在東北三次從事縣政，並不因其身爲國會議員即不屈就，反而仍能勤求民隱，爲民解困。莫氏嘗言：

> 歷史上縣令最感棘手之縣分不出三種：一曰僻，二曰難，三曰繁。……但不論其爲僻、爲難、爲繁，地方行政必須力求進步。簡言之，安寧方能建設，富教可致郅治。余三綰縣篆，以至晉掌封圻，莫不以此爲施政之圭臬。〔註58〕一縣雖小，可知全省政務，實等於一國。〔註59〕

此種不計名位而猶能力事之胸懷，實足令人景仰。至其外交才能表現，一爲東北易幟赴日，一爲中東路問題往蘇，皆能不畏強敵，力與折衝，不辱使命，對國家、對東北均有莫大之功勞。莫氏在西南地區方面，除視察西康，提出建設地方意見供政府參考，以及駐西昌時，化解地方派系之衝突外，並曾率

〔註56〕鄧文儀「從軍報國記」，頁345，臺北，正中書局印行，民國68年4月。
〔註57〕「雙城莫德惠自訂年譜」，頁99。
〔註58〕同前書，頁32。
〔註59〕景佐綱「壽柳老八十」，載新動力第十五卷第三、四期合刊，頁32。

團前往湘、黔前線勞軍，凡此在抗日戰爭中，均爲甚具意義之貢獻。民國五
十七年三月，莫氏逝世後，于斌先生輓誄曰：

> 千萬世鐘銘史冊，永傳遼東遺愛，蘇俄持節，康藏駐旌，臺灣典掌
> 掄才，一代勳名，寧憖遺此老。〔註60〕

誠爲至確之論，亦正是本文前述莫氏功業之總結。

（《國史館館刊》第 6 期，民國 78 年 6 月）

〔註60〕于斌「各方輓誄莫柳老」，載憲政論壇第十三卷第十一期，頁 31。